JN224642

断簡

ある音楽学生の生と死

中林敦子
Atsuko Nakabayashi

風詠社

プレリュード

「日本人が何しに来た⁉ また、殺しに来たのか！」

敵意に見開かれたおばあさんの目が、私を突き刺した。七十年前この地で自決した伯父の死について知りたいと彼女に問いかけた私は、自分の無邪気な愚かさを射すくめられた気がした。

戦後、日本人が訪れたことがなかったと言われるルソン島北部山中の村で、取材班は最も高齢の女性に戦争中の話を聞こうとしていた。玄関先の小さな木の椅子にちょこんと座ったおばあさんを、テレビクルーのカメラとガンマイク、新聞取材のカメラ、日本人ガイド、現地ガイドも含め七、八人が囲んだ。彼女は、警戒と恐怖で声を荒げ、憎々しげにそう言って、私を睨みつけたのだった。イロカノ語と英語の通訳に入ってくれたひ孫のお婿さんが思わず制止するほどの激しい感情の高ぶりだった。ディレクターに促されて私が「ご家族を日本人に殺されたのですね？」と尋ねると、投げ出すような言い方で、当時は隣村のマヨヤオに住んでいたが、日本人が攻めて来ると知らせが来て、村の女子どもは山中に隠れて数か月を過ごした。家に戻って見ると夫はおらず、日本人に連れていかれて殺されたと村人から聞かされた、と語った。

マヨヤオはまさに、伯父たちの飢えた部隊数百人が食糧の確保を意図して攻撃した村である。伯父も村人に銃を向けていただろうと思うと、また、七十年間日本人は憎むべき存在だったのだと思うと、思わず日本語で「ごめんなさい」と言いながら、おばあさんの肩を抱いていた。おばあさんは身じろぎもせず、黙って身を固くしていた。

どのくらい、そうしていたのか。彼女の深い怒りを和らげられる自信があったわけではなかったが、私は少しずつ、もう日本人はフィリピン人を殺したりしないこと、日本はどこの国とも戦争しないと約束したこと、今はフィリピンと日本は友好的で、多くのフィリピン人が日本に住んでいること、私にもたくさんのフィリピン人の友だちがいることを話した。すると、おばあさんは「オウ？」と言って眉をあげ、左右の手の人差し指を立てて、「フィリピン、ハポン、フレンド？」と英語で言った。私は嬉しくて、うなずきながらそのおばあさんの手を握った。おばあさんも私の手の上に手を重ねてくれた。その手は私が今まで知るだれの手よりも皮が厚くて硬い、重たい手だった。

やがて、クルーに「じゃ、そろそろ」と言われた私が立とうとすると、傍にいたお孫さんが「今、あなたが無事に家に帰れるように、お祈りしているから待って」と言う。見るとおばあさんは私の手を握ったまま、目を閉じて静かに唇を動かし、私のために神様に祈ってくれていたのだった。

平成二十七年（二〇一五年）七月、ＴＢＳと毎日新聞の「千の証言」シリーズの取材として、東京音楽学校（現・東京藝術大学）から学徒出陣した伯父、村野弘二が死んだフィリピン・ルソン島イフガオ州ブンヒャン村を訪れた。おばあさんの名は、インマヒア・ガビバン。あのロラ（タガログ語で

「おばあさん」）の怒りの目と手の感触を忘れない。

私は無知だった。私は戦争で若くして命を落とした伯父の悲劇しか考えていなかった。日本が起こしたあの戦争の被害者の生々しい感情に図らずも直面して、自分が加害者側であることを認識すると同時に、おばあさんから語るべきことを受け取ったのだと思っている。

音楽家としての夢を持ちながら、皇国男子の務めと信じて出征し、飢餓とマラリアで衰弱したあげく銃をくわえて自決した伯父。他方、日本兵に夫を殺されて女手ひとつで険しい山の斜面に連なる棚田を耕し、一人娘を育てながら、苦労に涙するたびに日本人への憎しみを積もらせていったおばあさん。どちらの悲しみも、「戦争の悲惨さ」とひとくくりにするには重たすぎる。「フィリピン戦における日本人死者五十万人、フィリピン人死者百万人」という数字のなかに埋没させてはいけない。戦争が一個人にもたらすものの真実を、できるかぎりの詳細と実感を持って伝え、忘れさせないことが、私に与えられた役割だと感じた。

以来、伯父・村野弘二があの村でこと切れるまでに何をしたのか、何があったのかを調べ始めた。手掛かりとしたのは、祖父・村野貞朗が息子の死を悼んで書いた『弘二の死を知って』という百三十三ページにわたる手書きの手記。黒い表紙をつけて綴じた百三十三枚の便せんに記されたこの手記は、息子の生い立ちから葬儀の様子までを書きながら、時に文字も乱れ、五十九歳の祖父の動揺が率直に描かれている。

しかし、あの戦争を知ろうとすればするほど、高度成長期の日本でノホホンと生きてきた私には想像もつかないような事実を次々と突きつけられた。調べれば調べるほど、もっと知らなければ理解できないことが増えていった。

ロラと出会ってもうすぐ十年。ようやく、今、戦没音楽学生・村野弘二の二十二年の生涯を、その父で遺族となった村野貞朗の悲痛な思いも絡めて、述べていこうとしている。

目次

引用部分の旧字、旧仮名遣いは現在のものに改め、適宜、句読点を追加しています。

装幀　2DAY

一．応接室の蓄音機

弘二は、生まれつき音楽は好きであった。三、四歳の頃、蓄音器の前に座って、女中にレコードをかけさせ、一所懸命に聴いていた。それもレコードに穴のあくほど見つめながら聴くので、レコードの中央の発票や文字の形で何の歌か、どんな音楽かをすっかり記憶してしまって、聴きたいものを自分で探りだしてかけさせていたのには驚かされた。幼稚園に行く頃から歌や遊戯や劇が得意で、習って来ては、家の者の前で得意で演じて見せてくれた。

野寄《のより》の家

村野弘二《こうじ》は、大正十二年（一九二三年）七月三十日月曜日、村野家の第三子として、姫路城のお膝下、北条口にあった日出紡織（現ダイワボウの前身の一つ）の社宅で生まれた。社宅生まれなのは、当時新興の「サラリーマン」家庭の子だからである。

その父・村野貞朗《さだお》は、京都帝国大学工学部を卒業後、日出紡織に入社。当時、弱冠三十三歳にして姫路工場の工場長だった。八歳年下の母・村野小酉《ことり》とは福井の同郷である。実は、この夫婦、夫は福井商業会議所副会頭の次男、妻は第九十二銀行（現・福井銀行）の副頭取の三女。いわゆるサラリーマン家庭としては相当に恵まれていたのだった。

弘二の祖父にあたる村野文次郎は、福井に羽二重織をもたらした絹織物の実業家で、村野家と繊維産業には浅からぬ縁がある。

綿業は戦前日本の花形産業だった。昭和八年には日本の綿布の輸出量がイギリスを抜き世界一になり[1]、黄金時代を迎えていた。明治四十五年創立の日出紡織も大恐慌を乗り切り、業績を向上させつつあった。

貞朗自身も、年号が昭和に変わるころには、大阪本社の重役に昇進している。

大阪本社への転勤に伴って、一家が転居したのが大阪と神戸に挟まれた阪神地域である。

大正から昭和の初めにかけての阪神地域といえば、「阪神間モダニズム」真っただ中。阪神・阪急電車、阪神国道の路面電車の開通もあり、「にわかに農村の変貌を促した。農耕地が都市資本家たちの宅地投資の対象となった」[2]時期である。

中でも御影町や住吉村は高級住宅地として名をはせ、関西の文化人や有力者が豪華な邸宅や別邸を構えた。白鶴酒造の嘉納治兵衛の寄附金による御影公会堂（昭和八年）が当時の新進の機運を今に伝えて有名だが、弘二の母校・魚崎小学校（昭和五年）も同じ清水栄二の設計である。

村野家は、魚崎町（現神戸市東灘区）の借家、同町横屋に建てた家と引っ越したのち、昭和六年（一九三一年）、本山町野寄（現東灘区甲南町）に落ち着いた。昭和十年に開設された省線（現ＪＲ）摂津本山駅と住吉駅のちょうど間、国道二号線の少し南、今の灘高のすぐ東にあたる。弘二にとって我が家とは、七歳から東京音楽学校入学まで暮らしたこの「野寄の家」である。

七百坪の敷地に建つ木造二階建て、純和風建築に洋風の応接間が付くという当時流行の和洋折衷の住宅だった。

魚崎小学校から弘二と一緒に中学校に進学した同級生の加藤進氏は、

> 私の家の百メートルほど西に立派なお宅があった。私はその門構えの勝手口よりしばしば侵入して、誰にも気づかれずに彼の部屋へ通っていったものである。彼はいつも文化的で珍しい玩具や実

昭和 13 年頃の自宅庭での家族写真。右から、父・貞朗、母・小酉、姉・晴子、弘二、末弟・滋、次弟・康。左の女性二人は不明。

験具で私を楽しませてくれたが、なによりも彼の話は面白く高級であった。

と、同窓会誌[3]に寄稿している。

この家に出入りしたことのある親族で唯一存命なのは、戦後の昭和三十二年（一九五七年）に弘二の弟・康《やすし》と結婚した琇子《ゆうこ》で、「家じゅうの畳を合わせると百枚をゆうに超えると聞いた」とか、「当時まだ珍しい水洗トイレが三か所もあった」と記憶している。台所は、ガスコンロが五口ついた調理台を中央に据え付けた、今でいうアイランドキッチン。戦前は「ねいや」と呼ばれた住み込みのお手伝いさんが二人いて、食事の支度や掃除にあたっていた。

玄関の三和土《たたき》から、衝立を置いた畳の間にあがって右側、板敷の廊下を横切ると洋式の扉の先に二十畳ほどの洋風の応接室があった。部屋全体に腰板を巡らせ、三方の壁に鎧戸のついた縦長の上げ下げ窓があり、ラシャのカーテンが下がる。応接セットは他の部屋の家具一式と合わせて誂えたもので、ソファに腰かけて手をあぶるための小火鉢を載せる台まで揃いのデザインだった。

そして、幼い弘二が聴き入っていたという電気蓄音機は、応接室に入ってすぐ左の壁際に、アップライトピアノと並んで据えられていた。

時代の暗雲

その一方で昭和初期というのは、世の中がどんどんきな臭くなっていく時代だった。村野家が野寄に転居した年には満州事変が勃発し、翌年の満州国の設立、そして国際連盟脱退と日中戦争は拡大の一途で、軍備拡張による外貨不足を補うため昭和十二年（一九三七年）には「臨時資金調整法」や「輸出入品等臨時措置法」が施行。綿業も原綿の輸入から生産、販売まで広範囲に統制を受けるようになった。「黄金時代は国策によって終焉」[4]してしまったのである。

さらに阪神地域にとって忘れられないのは、昭和十三年、死者約七百人、家屋被害約十二万戸という阪神大水害である。七月三日から五日にかけての三日間に、平年の六月から八月の三か月分の降雨量に相当する集中豪雨があり、本山村では五日朝から全域で山津波（土石流）が発生。[5] もともと天井川だった住吉川は決壊して土石流が流域を襲った。

当時、住吉村に住んでいた谷崎潤一郎も『細雪』の中で、この大災害を詳細に扱っている。「従って野寄、横屋、青木等が最も悲惨であるらしいこと、国道以南は甲南市場も、ゴルフ場もなくなって、直ちに海につながってゐること」――末の妹「こいさん」が災害発生時にいて天井近くまで濁流に浸かったという洋裁学校も本山町野寄にあった。

村野の家も住吉川の東、川から二百メートルほどしか離れていない。谷崎が「その時の水は濃厚な泥水で、大部分が土砂であったので、却《かえ》って物を固着させる作用をした。（…）家なども内部に一杯土砂が詰まったために流失や倒潰を免れたのが多かった」と書くように、野寄の家も倒壊こそ免れたが応接室の腰板の上まで泥に埋もれた。戦後になっても壁に筋が残っていて、「ここまで水が来たのよ」と継母・ふみが琇子に語っていた。

複雑な陰翳

実は、昭和初期、村野家にはこれ以上につらい出来事が続いて起きている。

「弘二」という名が示す通り、弘二は本当は二番目の男子だった。三歳上の長男の譲司は、赤痢菌感染により六歳で死去している。

貞朗は、福井市篏川にあった本家の戸籍から昭和十一年に分家したのだが、このときすでに死亡していた譲司は新しい戸籍に記載されなかった。そのため、弘二が戸籍上の長男となったという経緯がある。

弘二が魚崎小学校を卒業する直前の昭和十一年一月には、生母・小西がこの世を去る。

小西は、福井城下、宝久中町に屋敷を構える鷲田《わしだ》家に生まれた女性で、大正七年の嫁入りのときには福井から乳母も付いて来て、そのまま村野家の住み込みになったというのだから驚く。だが、小西は結核のため三男一女を残し、三十八歳で亡くなってしまった。この当時、結核は国民病と言われるほど蔓延し、抗生物質による治療もまだない不治の病だった。その時、弘二は十一歳。

そして、小西の死から一年三か月で、貞朗は再婚。大学の同級生、鳥養利三郎京都大学教授の紹介で、後妻・ふみを迎えた。大阪府堺市の浜寺で生まれ育ったふみは、このときすでに三十一歳になっていたが、同志社女子専門学校（現同志社女子大学）英文科を出ており、八十歳を過ぎてもタイプライターでカタカタと英語のエアメールを打っているような教養ある女性だった。

けれど、多感な時期に母を亡くした弘二は、この新しい母親を受け入れられなかったのだろう。弘二は面と向かってふみを「お母さん」と呼ぶことはなかったと、ふみの葬儀の際、弟・康が語っている。

さらに、貞朗とふみの間に新しい命が生まれようとするころ、弘二の四歳上の姉・晴子が、二十歳の若さで、やはり結核で母のあとを追った。

度重なる家族の大変化。同級生の加藤進氏は、こう回想している。

慈母や姉上が病死され、貞朗氏が再婚されたことは、多感な村野君に複雑な陰翳をもたらしたのではあるまいか。彼は余り勉強をしなくなったが、詩や美術へ、殊に音楽への傾斜が目立ってきたのである。

第一神戸中学校

弘二が通った第一神戸中学校（略して「神戸一中」）は、灘の海を見渡す摩耶山の麓にあった。戦後、兵庫県立神戸高等学校と名を変えたが、正面玄関を含む建物の一部は、弘二が在学当時のままの姿で耐震化・保存されている。地域のエリート校としての誇りを感じさせる風格のある建物だ。当時から「ロンドン塔」と呼ばれた屋上階からは今も摩耶埠頭、六甲アイランド、ポートアイランドが見渡せる。当時はもっとずっと海が近く、生徒たちは行きかう船にも時局を感じたという。

「質素、剛健、自重、自治」を校是としたこの学校、当時の制服は、全国的にも珍しい「カーキ色」

生物部の集合写真。まだ子どもっぽい顔立ちの弘二（右から３人目）。

（実物はむしろ黄土色）の学生服と制帽だった。十五年先輩の井深大氏をして「今の学生がきいたら、軍国主義の権化と思われるような厳しい学校」[6]と言わせるような厳格な男子校だった。

中学生の弘二を、父・貞朗は次のように手記に描いている。

性格は従順で、物事に凝る方で、中学一、二年頃には昆虫採集を熱心にやり、相当に採集していた。また、余を初め家族を誘って野外に昆虫採集に出たこともあり、昆虫図譜で双六を作って、それもペン画で実に細密な絵を描いたりした。
家にいる時は、ほとんど自分の部屋に閉じこもって勉強するか、何か製作するか、作曲するかに余念がなく、熱中するときは、文字どおり寝食を忘れてやるというほどであった。

中学校時代の弘二が、級友の言うとおり「あまり勉強をしなかった」ことと、父の言うとおり「凝り性」だということは、記録の裏付けがある。中学校から入学願書と共に東京音楽学校に提出された『成績証明書』だ。今も東京藝術大学史史料室に保管されている。

三年生から五年生（旧制中学校の最高学年）までの三年間の各学科の成績が百点満点で記載されているが、「地理」「生物」「図書」には八十点台があるものの、「外国語」は五十点台。数学は「算術代数」も「幾何」も三年間、すべて五十点ちょうどをつけられている。おそらくこれを下回ると進級できない最低点を、かろうじてもらっていたのだろう。

学年順位も、三年生が二百二十五人中百九十一番、四年生は二百人中百八十三番とひたすら低空飛行である。（五年生の席次は記述がない）

一方、この成績証明書の「性行及び才幹」の欄を見ると、「温良、従順、謙譲、凝り性。音楽への誠進研鑽、敬虔、真摯なり」とある。穏やかだが、これと決めたことにはとことんこだわりぬく弘二の性格が見えてくる。

ちなみに、その下の「運動趣味」の欄に「蹴球、剣道、音楽、ピアノ」とあるとおり、同校ではサッカーが盛んだった。明治二十九年に創設されたサッカー部は、昭和の初めに四回も全国優勝している。

青春のアルバム

当時の中学校は五年制である。その五年五組の同級生、木村逸平氏が作った「私版・卒業アルバム」とでもいうべきアルバムが、木村家と村野家に残されている。

木村氏の実家は写真館を経営しており、彼は非常に高価だったカメラを学校に持ち込んで、生徒たちの日常生活を撮影していた。二冊のアルバムは、写真の内容が多少違うが、どの写真も当時の学校生活を当事者の目線で生き生きと写し出している。

たとえば、「微動だに許されぬ厳粛なる行事にて」と題された写真は、講堂にズラリと背筋を正して座る丸坊主の生徒たちの張りつめた雰囲気を伝える。また、机は学習以外に使うことを許されなかったため、昼食は校庭で三々五々立って弁当を食べた。「立食い。六甲颪吹き荒ぶ冬」という写真もある。

もちろん十七歳の男子のこと、「げにも楽しき中牧先生の公民の授業（こっそりと）」という授業中に友達の影に隠れてとった写真や、「風呂敷叩き」として教室でふざけあう微笑ましい様子も見られる。

ただ、このアルバムで数ページにわたって取り上げられている大行事は、四月十九日から二十三日の「長田野《おさだの》宿営演習」である。京都府福知山市郊外にあった長田野陸軍演習場に四泊五日で泊まり込み、歩兵銃や小型機関銃を使った軍事教練。土手に隠れて移動したり、突撃をしたりと迫真の演習の

「急行軍」と題された一枚。

様子が収められている。

この学年の生徒が中学に入学する直前に二・二六事件が勃発し、翌昭和十二年（一九三七年）七月には日中戦争の端緒と言われる盧溝橋事件が発生。八月から日本軍は海を越えて中国の主要都市を空爆し、不拡大の方針を捨てて本格的に戦争に乗り出してゆく。まさに、彼らは日中戦争の只中に中学時代を過ごしたのだった。

アルバムの中に、「十一月三日、坂本君、岩松君、三田君の海兵・海機合格の報至る」と題した一枚がある。五年五組の皆が担任の教師と共に、海軍兵学校と海軍機関学校に合格した三名を肩車して記念写真に納まっている。足元には「祝 入学 海兵 坂本君 岩松君 海機 三田君」と書かれた横断幕もあり、超難関のエリート軍人の将来が約束された同級生を、誇らしく、うらやましく思う面々。弘二は最前列の左隅で、頬にばんそうこうを貼って、所在なさげにも見える笑みを浮かべている。

音楽至上主義

そんな神戸一中の五年間で、弘二の関心は、ひたすら音楽へと向かっていった。

中学時代には、音楽は益々好きになり、姉の晴子が先生から教わるピアノの曲を聴いて、自ら弾ずることを覚えたり、作曲に熱中して独学で盛んに作曲し、夜も深更まで夢中で作曲していたこともしばしばである。

もちろん音楽は好きであったが、別段ピアノが習いたいとか、音楽会へ聴きに行きたいと言うようなことは無かった。ただ、三年生の頃から作曲に熱中して、学校の勉強はむしろいい加減にし、作曲に夢中であった。毎夜おそくまで二階の自分の室で何か作曲して、一部出来上がると夜の夜中でも勇ましく階段を下りてきて、応接室に入ってピアノで演じて見るというあり様で、中学の学芸会には何か自分の曲を演奏していたようである。同窓会の機関誌にも載せていた。

西園寺公望公が薨去された時には、葬送曲を作って「公の霊前に捧ぐ」として発表したりした。一中の伝統として極めて烈しい勉学の傍ら、こんなにして作曲に熱中しては、到底体力が続かないだろうと心配させた。

実際、このころ、弘二は我流でピアノを弾き、作曲をしては学校内で発表していた。中学時代の作品のひとつ、「紀元二千六百年奉祝曲《大聖代》」は、国を挙げて神武天皇即位から二千六百年を祝った昭和十五年、五年生の十一月十日の日付がある。一中の学芸誌『晩鐘』に楽譜が掲載されており、その編集長であった同級生の伊藤淳二氏は、編集後記として、

村野君の楽曲。私たちの願いによって、ドイツのシュトラウスをはじめ、イタリヤ、フランス、ハンガリアの諸楽星の奉祝曲に対応して、『神中からの奉祝曲』を作曲してくれた。想を練ること数週間。執筆九時間にしてなった一曲である。

と、作曲の経緯を書いている。

本人も、楽譜と共に「あらゆる芸術作品において、その作者が自ら解説を付すということは、一般に極めて危険視されているところ」としながらも、以下のような文章を寄せている。

私がこの小品を計画するに至った動機は、傍題にも示したように、紀元二千六百年奉祝の日の記念のためであり、十一月初めより着手し、奉祝日に相前後してこの曲を完成いたした。しかも、これはかねてより私の念願の一つであった、雅楽調によるピアノ小品創作の実現でもあった。「古典への回帰」「国民楽派の樹立」等が盛んに叫ばれている今日この頃、きわめて意義あることと、私

中学校の講堂でピアノを演奏する。

自ら、感激を深くしたのである。

「笙の音に似せた」と本人が言う連続する高音部のトレモロなど、確かに和様を感じさせる作品である。西洋の真似ではない日本らしい近代音楽を求める当時の音楽界の動きを、めいっぱい背伸びした十七歳は意識していたのだろう。「私が日本的なものを如何に表現しようとして苦心したか、その一端をでも認めて容れていただければ、以って幸いをなすところであります」と結んでいる。

また、同じ年の十二月には、西園寺公望が死去し国葬が挙行された。これをモチーフに《故 西園寺公望公之御霊前に呈げまつるFuneral March》を作曲している。楽譜の書き込みに、

昭和十五年十二月三日、神戸一中秋季校内学芸大会において発表せり。ちなみに翌々日五日は、公の国葬当日であった。

と記しているように、この曲も校内で披露した。葬送行進曲であるから、荘厳というよりかなり陰鬱な曲である。

このほか、伊藤淳二氏が作詞し、弘二が作曲した作品《黎明》が第二校歌的なものとして頻繁に演奏されていたと校内誌に記述がある。

伊藤氏はのちにカネボウ社長、日本航空会長などを歴任した人物だが、著書『天命』の中で弘二について触れ、弘二が「独自の音楽理論をもっていて「これからは不協和音の時代、つまりドビッシィー、ジャズの時代がくる」と言っていた」と回想している。おりしも同年の九月に日独伊三国同盟が締結されたばかり。クラシックでも重厚、荘厳なベートーベンやワーグナーが重用され、やがてジャズも禁止される時世にあって、これは確かに中学生としては「独自」の考えだったろう。

ある日の校内での演奏の情景を、伊藤氏はこう書く。

三曲程、不協和音で一貫した自作の曲を演奏した。ベートーベンやショパンを聞きなれた生徒たちは、一瞬ぽかんとした。演奏した後も拍手はためらいがちなものであった。弁論大会終了後の講評で、音楽担当の金健次先生が、「私は何と講評していいか分からん。とも角、自分の作品を堂々と演奏したことに感服した」と何だか意味のとりがたい講評をした。村野君が「誰も、何も分かってへん」と憮然とした顔で、その後、私に語ったのを忘れられぬ。

とはいえ、学芸誌『晩鐘』のクラス全員を紹介したページに、

村野君＝わが学年の誇りともすべき音楽家。音楽至上主義で一貫しておられる。美の追求に驚くべき真剣さを持った人。同君の音楽は決して単なる趣味ではないと感ぜられる。

と書かれているのを見ると、少なくとも弘二の音楽への情熱は、周囲にも認められていたらしい。

1　『ダイワボウ60年史』大和紡績株式会社、平成13年9月
2　『本山村誌』本山村誌編纂委員会、昭和28年7月30日
3　神戸一中四十二回生卒業四十五周年記念『おおとり』昭和61年5月31日
4　『ダイワボウ60年史』大和紡績株式会社、平成13年9月
5　『本山村誌』本山村誌編纂委員会、昭和28年7月30日
6　『難波王朝』山根徳太郎、学生社、１９６９年

二. 上野へ！

余はおおいに考えた。

日本では、音楽などではよほどの天才でもなければ、一生の業として身を立てることは出来ないものと思った。また、一旦音楽の道に入れば、途中で挫折しては、他に方針を変えることは、潰しのきかない仕事であるから容易なことではない。中年まで音楽をやって、それが先の見込みがないからと言って、普通の会社員や商売人に転向することはほとんど不可能である。そうかと言って、キャバレーのバンドや、宣伝屋の楽隊で暮らさせたくないと思って、この際、むしろ平凡な道を選んで、高等学校の文科か高商へでも入学させる方が安全だと思った。

その内、一中の五年に進級したので、もう上級学校への進路を決めて、入学試験の準備にかからせなければならぬ。試験準備には、もう遅い方である。

天稟はあるのか

音楽の道に進みたいんだ――その思いを弘二はどんな言葉で父に伝えたのか。貞朗の手記に、弘二の決心を直接表した言葉は出てこない。むしろ貞朗自身が息子の将来を心配して、右往左往する様子が極めて具体的に記録されている。
「キャバレーのバンドや宣伝屋の楽隊」とはバンドマンに対して失礼極まるが、家族や親戚も異口同音に、音楽の道を進むことに不安を表明したようである。父親は何度も、志望校を選択するように求めたが、弘二は一向にあいまいな態度を変えない。

そのうち五年生の年も暮れ、いよいよ卒業の年が明けたので、そろそろ入学受験の出願もしなければならぬし、準備の勉強にもヘビーをかけなければ（著者注：ラストスパートをかけなければ）ならぬ時となって来たので、余は厳しく催促した。しかるに一向に出願すべき学校を選定する様子も見えず、勉強をしている模様もうかがわれない。そして、音楽の方はますます熱を上げて来たように見えた。

まさに同級生たちがエリート軍人への道を歩み始めたり、猛烈に受験勉強したりしているさなか、このような弘二の態度は、何がなんでも音楽で身を建てるのだという決心より、現実逃避に近いような感じを受ける。実は彼自身がどうすれば音楽を続けられるのか、具体的に想像ができていなかったのではないだろうか。

しびれを切らした父は、とうとう行動に出る。

事ここに至っては、余は父として、彼の教育の責任者として、もう放任しておくことは出来なくなったので、いよいよ彼のため、一生の方針を決めてやらなければならぬこととなり、いつまでも迷ってはいられない破目になった。

数日の間、夜も眠れないほど考え、思案を重ねた結果、遂に、これは一つ、音楽の専門家に、弘二が音楽家として立てるだけの天禀があるかどうか、少なくとも、あの程度なら熱心にやりさえすれば名士にはなれなくても、一人前の音楽家として一生の暮らしを立てて行けるかどうかを鑑定してもらうがよかろう。その上で、彼にも十分熟慮させて方針を決めることがよかろう。また、それより外に途がないと思った。

そこで貞朗が思い出したのが、すでに亡くなっていた長女・晴子が、甲南女子学校で音楽を習ったことのある池尻景順氏であった。池尻氏は東京音楽学校甲種師範科を大正十年三月に卒業し、昭和四年に『歌曲の作曲法』（新響社）、戦後も『音楽創作指導の新しい行き方』（全音楽譜出版社）などの著作がある。

彼は隣町の住吉に住んでいた。貞朗はさっそく池尻氏に連絡を取り、弘二を連れて自宅を訪問する。

現在の感覚からすると、ほとんど無いような縁を強引に繋いだ感がある。

弘二の運命を変えるこの日の様子は、長いが手記をそのまま引用する。


先生は余の相談に当惑された様子ではあったが、弘二の一生の方針を決める重大な仕事だから、真剣に考えられ、ややしばらく黙考された後、何か心中重大な覚悟を決められたご様子で口を開かれ、一言、「よろしい、ともかく、拝見しましょう」と、先ず弘二が持参した作曲の譜面を幾つか熱心に見ておられたが、やがて、このメロディーが良いとか、この伴奏がどうだとか、軽く批判しておられたが、どうしてこれだけ勉強したのか、どんな本を読んだのかと、いろいろ質問された。今度は、ひとり稽古の、いわば我流のピアノの弾き方を見ようと、何曲でもよいから自分の好きな曲を弾いて見なさいと、先生愛用のピアノの方へ誘導された。弘二は、ともかく今日のテストが自分の一生の運命の分れ目と思っているので、一所懸命である。ピアノに座って、毎日家で弾いていた「ダニウヴの流（著者注：美しく碧きドナウ）」を弾きだした。余は毎日この曲を何気なく聴いていたが、今日はいつもと違って、余の音痴でさえ、かなり上手だと思ったくらい調子よく弾き終わった。先生は、しばらく目をつむって沈思黙考されていたが、静かに眼を開いて、われら親子両名を見、おもむろに口を開いて、余に対し、回答として次のような判決を下された。

「まず、ピアノは、指の使い方など無理なところがあって上手とは言えないが、正規の教授を受けた訳でないから無理もない。しかしひとり稽古にしては相当なものです。それから作曲の方ですが、曲や伴奏の良し悪しはともかくとして、何も教わったことのない者が独力でここまでやったということは、あたかも赤ん坊が自力で富士山へ登ったようなもので、その努力はおおいに賞すべく、また、おおいに買ってやらなければならないでしょう。その上、作曲のメロディーには一風面白いところがあって、有望だと思います」。

「おとうさん、あなたはもう迷いなさるな。私が引き受けてあげます。ともかく、中学卒業後一年間、私がお預かりします。そして、みっちりピアノと作曲の基礎を教えて見ましょう。そして、来年、とりあえず上野（著者注：東京音楽学校のこと）の作曲部を受けさせてご覧なさい。上野の作曲部は毎年二、三名しか入学させないのですが、志願者は数倍あって、試験もなかなかむつかしく厳選しますから、果たして来年一度の受験で入れるかどうかは保証できませんが、もし落ちればまた、再来年受けることにして、とにかくここ一年間は、私も弘二君と共に一所懸命努力して見ますから、今日のところは先ず、お父さんの敗けとして、私に弘二君をおまかせ下さい」ということであった。

道は開けた。

これで一年分の余の迷いと心配は、一瞬にして雲散霧消、万事解決した。肩の荷が一時に下りた。先生のお顔は観音さまのように慈愛に満ち、先生の椅子に座っておられる落ち着いたお姿は、不動明王のように厳然として、動かぬ千鈞の重みを見せた。余は思わず頭が下がり、瞼が熱くなるのを感じた。

二人は歩む足も軽く、小躍りして我家へ帰った。家庭は電灯が照ったように明るくなった。

住吉から本山までの帰り道、往来の激しい国道二号線を、坂を上がった先の住吉川にかかる橋を、二人は何を話しながら歩いたのだろう。玄関を開けて、どんな言葉で家族に喜びを伝えたのだろう。喜びで涙目になる父親を、傍らで弘二はどんな顔をして見ていたのだろう。父の喜びの涙など、初めて見たのかもしれない。

こうして、神戸一中を卒業した弘二は、上野をめざして浪人することになる。

なお、貞朗の手記では、一年の浪人後の受験で一発合格をしたように書かれているが、実は、中学卒業前の現役受験の入学願書が、東京藝術大学史史料室に存在する。通常は合格した者の願書だけが保管されるはずなのだが、なぜか落ちた弘二の願書も残っているという。[7] 先に紹介したのには、浪人時の受験の内申書である。

また、同級生の伊藤淳二氏も、「学科はパスしたが、独学のピアノ実技で落ちた」と自書に明記しているので、中学卒業と同時に現役でお試し受験をしたのが真実と思われる。

それから一年の間、弘二は毎週二回、池尻氏の自宅へ通い、ピアノと作曲の基礎を習った。弘二は「いとも明朗に一所懸命に勉強」し、池尻氏も「万障を繰り合わせて熱心に教導」したという。

コウジ・フェリックス・ムラノ

晴れて音楽だけに打ち込むことが許された中学卒業後の一年間は、音楽学校までの助走期間のようなものだった。詩に曲をつけたり、メンデルスゾーンやドビッシーを編曲したり、多くの楽譜が残されている。なにしろ、コピー機などない時代。演奏したい曲があれば、印刷されたものを購入するか、どこからか借りてきて手書きで写すしかない。

几帳面な彼の楽譜は、どれも細かい文字で几帳面にインクを使って書かれている。ピアノ譜だけでなくチェロ譜もあり、この頃からチェロを練習していたと思われる。戦後、弟・康は趣味でチェロを弾いていたが、今も遺るそのチェロは弘二のものだったのかもしれない。

また、弘二はすべての楽譜に通し番号をつけて整理していた。たとえば、あるチェロ譜は、「V-67

《Melodies de Debussy pour Violoncelle》ドビッシー作曲、Felix Philharmonic Library: F.C.G.No.10」と表紙に書かれてある。「V」はViolоncelloの意味と思われ、ほかに歌曲には「T」の番号を付けるなど、まるで図書室のような管理のしかたである。

なぜ「フェリックス・シンフォニック・ライブラリー」なのかと言えば、この頃の弘二は自身の名前を「Koji Felix Murano」と、楽譜や本に記名している。フェリックスというミドルネームは、フェリックス・メンデルスゾーンからちゃっかりお借りしたと思われる。

また、自宅の応接間で何度か開かれた家庭音楽会は、大きな楽しみだった。

中学を卒えてから入学するまでの間に、家で家庭音楽会を催し、同好の人を集めてお互いに代わるがわる演奏し自分もやり、また、必ず自分の作った新しい曲の発表をした。

中でも、弘二自身の手製のメンデルスゾーンの《歌の翼に》の楽譜には、

昭和十六年七月四日、第三回家庭音楽会に先立ちて小島幸先生のソプラノと、村野正太郎氏のアコーディオン助奏とのために編曲したるものを、再び改編して独奏ヴァイオリンとセロ及びピアノのために、即ち、ピアノ・トリオ用の曲となせり。尚、独奏ヴァイオリンの代わりに声楽を以って

なすも可なり。

と書き込みがあり、通常の二つ折りの楽譜用紙を半分に切り、ちょっとした横開きのプログラムの体裁になっている。

お隣のソプラノ

このプログラムに登場する二人の人物は、弘二の音楽の履歴にとって重要な存在である。

小島幸《ゆき》氏は、関西で活躍したプロのソプラノ歌手である。旧姓を竹内といい、弘二憧れの東京音楽学校の甲種師範科を卒業後、日本音楽コンクールで入賞。大阪音楽学校の教員となり、関西歌劇団でも多くの舞台でソプラノを歌っている。なんと、その小島氏が、「野寄の家」の東隣に住んでいたのだ。

弘二は島崎藤村の詩に曲をつけた《小兎の歌》の楽譜にも、「小島先生に」と記している。自分の曲を、自宅の応接室で、お隣の当代一流の歌手に歌ってもらえる、なんという幸運！　彼の人生のクライマックスというべきオペラ《白狐》も、ソプラノ歌手、小島氏との出会いがあったからこそと言えるだろう。

小島家と村野家の交流は、弘二亡き戦後も、家庭音楽会などで続いた。

もうひとり、家庭音楽会でアコーディオンを弾いた村野正太郎は、弘二の従兄にあたる。弘二の曾祖父・村野近良が祖父・伊東文次郎を養子にして家督を相続させた際、本来の長男の雅夫は廃嫡（家督相続する地位を失うこと）された。その雅夫の子外牧《とまき》と文次郎の長女・房於がいとこ同士で結婚し、正太郎はその長男として生まれた。

正太郎は麻布中学校から海軍機関学校（四十二期）に進み、この当時は伊号第二十九潜水艦の機関長。珊瑚海海戦、ミッドウェイ海戦に参加し、昭和十八年初頭に海軍兵学校教官になるまで、南太平洋、アラビア海、インド洋を転戦していた。[8]

正太郎はときどき村野家に遊びに来ていて、白い制服に身を固め、海軍らしい短い軍刀をつけた浅黒い彫りの深い面立ちの正太郎が、「かっこよかった」と康が思い出していた。彼は芸術、とくに西洋音楽に造詣が深く、その来訪に合わせて音楽会を催したのだと思われる。村野家にアコーディオンがあった話は聞かないので、正太郎が自ら携えてやって来たのだろうか。

正太郎は音楽を志した十一歳年下の従弟を、憎からず思っていたに違いない。弘二と一緒に戯れに作曲して楽しんだと思われる音楽物語《パンの木のお話（南の国の伝説）》の楽譜も残っている。

実は、正太郎は岡倉天心に傾倒しており、「岡倉天心と私の共感」と題して同人誌『研美』に寄せた昭和五十六年の彼の随筆には、天心作詞のオペラ《白狐》についての言及もある。弘二が《白狐》

と出会ったきっかけが正太郎であった可能性は、ある。

嬉しい春

天は自ら助くる者を助くと言う。

精神一到、何事か成さざらん。先生と弘二との懸命の努力は、遂に酬いられた。一年たった翌年の春、上野の入学試験に首尾よく合格して、嬉しい春が来たのである。それは実に昭和十六年の三月であった。

貞朗の喜びが行間にあふれる。弘二は見事、上野の東京音楽学校の「予科（作曲志望）」に合格した。音楽が学べる！　音楽を一生の仕事にできる！　期待に満ち溢れた上野への上京。

この国が真珠湾奇襲攻撃により太平洋戦争に突入してから、最初の春のことだった。

7　東京藝術大学橋本久美子特任助教（当時）との私的会話、平成28年（２０１６年）

8　『嗚呼！氷川丸と海南島』中尾勝喜、文芸社ビジュアルアート、２００９年2月1日

三．時を惜しんで

人には広く交わり、一般に人に好かれていたようだった。東京では坪田の姉上のもとで厄介になっていたが、姉上からかなりやかましく監督されていたようだったが、極めて従順で格別かわいがられ、坪田の子供と同格に扱われ、殊に食べ物は二人分程も食べさせて貰って非常に満足していた。

作曲家を志す者

昭和十七年（一九四二年）三月十二日、日本軍に包囲されたフィリピン・マニラ湾に浮かぶコレヒドール島から、米国軍マッカーサー司令官が、家族と共にオーストラリアに脱出した。日本軍はまだ太平洋戦争緒戦の優勢にあった。

その翌月、弘二は憧れの「上野」に入学した。「入学試験や入学の際は、余も弘二について上京し、江古田の坪田の家に厄介になって、いろいろ世話をしたり、音楽学校の先生の御宅へ挨拶に行ったりした」という。

当時、東京音楽学校は、学生は全員が「予科」に仮入学し、七月の審査で合格すれば正式に東京音楽学校生徒になるという制度をとっていた。官製の高等教育機関としては国内唯一の男女共学の学校である。

この年、共に予科に入学した「作曲志願の者」は、弘二の他、團伊玖磨、大中恩、島岡譲、鬼頭恭一、友野秋雄、竹上洋子。総勢七名。[9] 実は、作曲科の一学年が「七名」というのは例年より多い。戦後、オペラ《夕鶴》などで、本邦屈指の作曲家となった團伊玖磨氏の自伝によると、例年は一人か二人が定員だったのである。この年、作曲専門の学生を七人にも増やした理由は、作曲家の養成が重要事と考えた当時の乗杉嘉寿校長の考えと、後に聞いたことだが、いずれ戦線に出て死んでいく人数を考えて、ひどい話だが、スペアも入れたのだと聞かされた。

ひどい話だ。

だが、実際、七人のうち二人が戦死し、二人が病気で夭逝した。戦死は、弘二と鬼頭恭一氏である。

名古屋出身の鬼頭恭一氏は、海軍航空隊を志願した。各地で基礎教育を受けた後、霞ヶ浦航空隊に赴任。日本初のロケット戦闘機「秋水」の搭乗員としての訓練を受けていた。だが、タッチアンドゴーの訓練中に進路を妨害した他機を避けようとして墜落。終戦の十七日前のことだ。彼には許嫁がいたという。

「スペア」の証言をした團伊玖磨氏は、東京帝国大学美術史学科助教授で貴族院議員も務めた團伊能男爵の一人息子。華族である。祖父・團琢磨氏は三井財閥の総帥で、血盟団事件で殺害されている。團氏は現役で音楽学校に入学したため弘二より一歳年下で、徴兵も弘二より一年遅い昭和十九年（一九四四年）。陸軍音楽隊に入隊して、無事に終戦を迎えることができた。オペラ《夕鶴》の作曲家として、エッセイストとして、戦後の活躍を知らぬものはない。

生き延びたほかの二人も、島岡譲氏は国立音楽大学の作曲の教授になり、大中恩氏は《サッちゃん》や《犬のおまわりさん》などの童謡の作曲で世に名を成した。

作曲科の教授陣には、橋本国彦主任教授ほか、下総皖一教授、細川碧教授などがいた。名誉教授の信時清も、時々授業をしに来ていた。

東京藝術大学史史料室に残る下総氏の担当時間割からは、弘二が下総氏の作曲の授業を、團伊玖磨氏と二人組で受けていたことが分かる。実は、團氏は受験準備として入学前から下総氏の指導を受けており、弘二は師弟の間に後から入った形になる。また、鬼頭恭一氏は、学生に自由に曲を作らせる当時としては珍しい下総教授の指導をうらやましがったという。

弘二は、そのほか、理論を橋本国彦教授、ピアノを永井進教授に師事した。

橋本先生は偉い先生でもあり、特にお忙しいので授業以外にはあまり接する機会もなかったが、それでも特に気を付けてくださった。下総先生は直接の最も接することの多い先生であったので、特に懇篤に指導してくださった。（声楽部の）木下（保）先生は部が違うので一般的な御授業だけであったが、奥さんが近藤　茂博士（余の同郷の先輩）の御嬢さんであったので、これまた特に御指導して下さった。

池尻先生といい、この三人の先生といい、弘二にとっては忘れることのできない恩師である。弘二は実に師運の良い子であった。

上野のカラス

上京した弘二は、練馬区江古田にあった貞朗の姉、坪田英尾の家に下宿した。毎日、武蔵野鉄道（現・西武池袋線）で「池袋に出て、省線（JR山手線）に乗りかえ、鶯谷で下りて、約一時間の道を東京音楽学校に通っていた」という。実際の弘二がどんな学生生活をしていたかは、弘二自身が残した言葉はなく、離れて暮らしていた貞朗の手記でも言及は多くない。

音楽学校に在学中は、かなり学資も使ったが、何一つ無益な浪費はしていなかった。学校の昼食に弁当を持って来ない級友は色々の料理を取って食べていたようだが、弘二は毎日必ず伯母さんの作って下さる弁当を持って行って、コーヒー位を取って飲むだけで、一切下らぬことに金は費やさず、すべて楽譜や書籍やレコードを買うことと、演奏会の入場料を払うことにのみ費やしていたようだった。

服装や装身具には極めて質素で、靴は余の古靴をはき、その他も家で心配してやったものですべて満足していた。

戦後、東京藝術大学の調査に対し、同級生の島岡譲氏は、弘二が「ナイーブで才能があり音楽一途」だったと回想し、「音楽の話になると時間を忘れてのめりこみ、《白狐》のスコアを弾いて聞かせ

音楽学校入学時と思われる集合写真。弘二は前から３列目左から３人目。
東京音楽学校は、官立の高等教育機関では唯一の男女共学校だった。

てくれた」と話している。[10] 大中恩氏も、「あまり羽目をはずすような学生ではなかった」と回顧している。[11] 総じて、真面目だったのだろう。

一方で、大中氏所有の同期生のスナップ写真で、他の学生は制服なのに、弘二とウクレレを抱えたもう一人だけは絣の着物に袴姿というのがある。二人が「まるで、ウクレレ漫談の出し物でもやったみたいですね」とは、藝大史料室の橋本久美子特任助教の楽しい想像である。[12] 関西弁のコンビでも組んだのだろうか。

この写真に見えるとおり、音楽学校の男子の制服は、黒の背広に黒ズボン、黒のネクタイに黒のソフト帽だった。そのまま演奏会の衣装に使えるという利点もあったが、詰襟が制服の大学も多いなか、連れ立って歩く姿が「上野のカラス」と呼ばれたりしたという。[13]

神戸一中の同級生で、慶応義塾大学に進学していた伊藤淳二氏は、弘二が「ソフト帽子に背広のユニークな音楽学校の制服を着て」、日吉の寄宿舎を訪ねて来たときの思い出を自書『天命』に書いている。

目を閉じると、音楽学校のユニフォーム姿で、寮の私の部屋の窓辺によりかかり、楽しげに音楽を語った、村野君の柔和な顔と、明るく澄んだ声が浮かんでくる。

音楽に飢える

同時期に上野で学生生活をしていた人たちの著述からは、一般的な音楽学生の様子が垣間見える。同級生の團伊玖磨氏は「戦時中の音楽学校は、外界から押し寄せる時代の波と、注がれる無理解の視線に堪えなければならなかったために、教官も学生も同志的な結合で結ばれていた」と書いている。「軍需工場への勤労動員だのという阻害要因が増えれば増えるほど、時を惜しんで専門の勉強に熱中するのが当然であった」という。

また、二年先輩の声楽部の畑中良輔氏も、著書『音楽青年誕生物語』の中で、一週間にわたる軽井沢での軍事教練から戻った後の様子を書いている。

上野駅より学校まで再び軍隊ラッパの「歩調とれっ」に合わせて、全員が校門をくぐった。暑い！　高原から都会の喧噪の中へ引き戻され、校舎の玄関前に整列、解散。一斉にドドッと皆が走った。各自一目散に走ったのは何とピアノの練習室だったのだ。一斉にピアノが全校鳴り始めた。（中略）

皆、音に、音楽に飢えていたのだ。鉄砲よりも我々にとって大切なのは楽器なのだ。と、熱い火のようなものが体の中にたぎってきて、いつしか涙が湧き、流れ、汗と一緒に私のカーキ色の教練服を濡らしていた。

弘二の遺品には、B６版ほどの手のひらサイズの楽譜が数十冊ある。「S」（「スコア」の頭文字と推測）から始まる通し番号をつけ、購入日やその楽曲の演奏を聴いた日付と場所が記入してある。その一冊、スクリャービン《法悦の詩》はドイツ製で、「昭和十七年五月十七日　父より　銀座十字屋にて」とある。貞朗が入学間もない弘二を訪ねた時に、二人で行った銀座に今もある楽器店で買い与えたのだろうと推察される。

また、一部の楽譜には表紙裏に記入された演奏会鑑賞の記録がある。日付で追って見ると、

昭和十七年　五月六日　シュトラウス《ドン・キホーテ》新響
九月十七日　モーツァルト《交響曲第41番ジュピター》とシュトラウス《ドン・ファン》東響
十月二十八日　ワーグナー《ニュルンベルクのマイスタージンガー》日響
十一月十一日　ブラームス《交響曲第1番》日響
昭和十八年　二月九日　チャイコフスキー《交響曲第4番》東響
二月二十三日　ドビッシー《牧神の午後への前奏曲》日響
四月九日　ワーグナー《ニュルンベルクのマイスタージンガー》日響

という具合。すべて「於 日比谷公会堂」とある。
本当に音楽漬けの夢のような日々を過ごしていたのだ。

無許可のコンサート

声楽部の畑中氏は作曲にも興味を持っていて、「橋本国彦先生にはいろいろ可愛がっていただいていただけに、作曲の学生たちとは親しく付き合っていた」という。

團伊玖磨と一緒に入学した作曲科の中に、村野弘二という青年がいた。彼はいち早く私に自分の作曲を持ってきた。ヘッセの訳詞による《二つの鐘》、露風の《この朝の嘆げ交いは》などは、それまでの日本歌曲に聞けなかった新鮮なハーモニーと詩の扱いで私を驚かせ、更に目下オペラを作曲中というのも、思いもかけぬ話だった。

と「村野弘二」を回顧している。

そんな畑中氏は、弘二のほか、團伊玖磨氏、大中恵氏、その一学年上の作曲科三井一郎、自分と同学年の草川宏氏、中田喜直氏などの歌曲を集め、「新しい日本歌曲の創造」と銘打って一一九教室でコンサートを開催したことがある。畑中氏本人も弘二作曲の「歌曲」（曲名不明）、戸田敏子氏が《白狐》（後述）を歌った。

このコンサートの開催時期を畑中氏は「学期末の午後」とだけ書いているが、おそらくは昭和十八年の夏ではないかと推測される。昭和十七年では弘二は入学したてだし、昭和十八年春なら「学年末」と書くだろうし、冬には仮卒業してしまっている。

畑中氏はガリ版でチラシやプログラムをも作成し、満員の学生が詰めかけたが、学校の許可を得ていない集会であったため、教授陣からさんざ説教され始末書を書くことになったという。

兎にも角にも、これが《白狐》が演奏された最初のコンサートであった。

9　『東京音楽学校一覧 自昭和十六年 至昭和十七年』東京音楽学校
10　「戦没音楽学生の作品の保存公開とその課題」橋本久美子『アート・ドキュメンテーション研究No.32』アート・ドキュメンテーション学会、２０２４年５月
11　「ニュース23」２０１５年６月18日放送
12　著者との個人的会話による
13　『同声会報 No.４』東京藝術大学音楽学部同声会、平成16年12月１日

四．こるはの独唱

あの作は、遂に弘二の遺作となった。あのレコードはいつでも聴ける最も新しい遺作で、蓄音機に向いさえすれば、いつでも聴ける無二の遺品である。しかもその内の一面には弘二自身の肉声が、悪い吹込みで歪められながらも機械を通じて聴けることは、せめてのもの慰めであり、永遠に我が手に遺る形見である。

戦争にのめり込む

「一億総動員」の時局は、この国の若者が夢の実現に専念することを許さなかった。

昭和十七年（一九四二年）六月のミッドウェイ海戦が、勝敗の流れを変えたと言われる。日本海軍は、出撃した空母四隻すべてを失った。弘二が入学して二か月後のことである。昭和十八年に入ると、ガダルカナル島、アッツ島と、全滅を「玉砕」と言い換える敗北が続くようになった。九月に政府は「絶対防衛圏」を設定する。

そして、将来のエリートを嘱望され徴兵を免れていた高等教育機関の学生たちにも、自分の学びより「お国のため」を優先しなければならない時が来た。

十月一日、東条英機内閣は「在学徴集延期臨時特例」を公布。理工系と教員養成系を除く文科系の学生の徴兵猶予を取り消した。それまでもすでに高等教育機関の修業年限の三か月短縮、六か月短縮、卒業後即入隊といった措置が取られていたが、戦局の悪化で兵員の補充が喫緊の必要となって、若者なら学生でも兵士にしなければ到底追いつかなくなっていたのである。

該当する満二十歳以上の男子学生は、十月二十五日から十一月五日に徴兵検査を受け、十二月初めにはあわただしく陸軍に入営または海軍に入隊することになった。

弘二は、この年七月に二十歳になっていた。

この初めて戦地に送り出される大学生「出陣学徒」の「尽忠の至誠を傾け、その決意を昂揚するとともに、武運長久を祈願する」目的で行われたのが、十月二十一日木曜日、雨の明治神宮外苑競技場の出陣学徒壮行会である。東京・神奈川・埼玉・千葉の七十七校、約二万五千人の出陣学徒が集まったという。勅令の公布からわずか三週間だ。

東京音楽学校では、在校生全員がブラスバンド「東京音楽学校報国隊」として、またはスタンドの合唱隊として参加した。一般に演奏は陸軍戸山学校軍楽隊とされているが、東京音楽学校の学生たちも演奏していたのである。軍楽隊と中央の東条英機を挟んで南門側に陣取ったブラスバンドは、一時間以上におよぶ出陣学徒の入場行進の間、雨に打たれながら《陸軍分列行進曲》を演奏し続けた。残りの学生らも合唱隊となり、東条の背後にあたる西側スタンドで《君が代》や《海ゆかば》を歌った。特に《海ゆかば》は、演奏全部を陸軍音楽隊が行う予定をかえて、出陣学徒である本科二年の萩谷納氏の指揮により、出陣学徒の吹奏楽団だけで演奏した。[14]

弘二が、制帽・制服にゲートルを巻いた出で立ちで、歩兵銃を肩に泥水を跳ね上げながら行進するあの約二万五千人の学徒たちの中にいたかどうかは記録がない。

ただ、出陣に対する弘二の姿勢について、同級生の島岡氏が「戦争になれば愛国心に溢れて戦争にのめり込むような方だった」と重要な証言をしている。[15] 弘二は決して嫌々、しかたなく一兵卒になったのではなく、皇国日本の男子として、むしろ意気揚々とこの人生の転機に臨んだのではないか。
また、弘二が海軍ではなく陸軍を選んだのには、当然の理由がある。
貞朗の四歳上の兄、弘二の伯父、村野二三男が陸軍少将だったのだ。東条英機と同期の陸軍士官学校第十七期。兵站つまりロジスティクスを担当する輜重《しちょう》兵将校となり、東京の兵器本廠に勤務したり、第九師団（金沢）の輜重兵第九大隊隊長を務めたりした。昭和十一年八月で現役定年で予備役となったが、昭和十五年に少将として復帰し、中国戦線に就いた。終戦直前、米国軍の本土上陸に備えて全国に「国民義勇隊」が組織された際には、福井市の副隊長（隊長は市長）に選ばれている。[16]
弘二ら甥っ子たちは「少将閣下」と呼んで彼に親しんでいた。身内に職業軍人が、それも高級将校がいたのだから、弘二がこの国の男子として生まれたからには御国のために命を賭して…と勇むのも自然な感情だったと思われる。

出陣学徒壮行演奏会

十二月一日に入隊を控えた弘二は、本当に忙しかった。

徴兵検査は、原則どおりなら本籍のある福井市で受けるはずだが、例外的に居住地で受けられたという話も散見される。貞朗の手記にも記載はない。

だが、彼には入隊までの二か月にどうしても成し遂げなければならいことがあった。

東京音楽学校では、週末に学生による校内演奏会が催されていた。戦時下で「学友会」は「報国団」と名を変えていたが、その一環で入営する学生が仮卒業の前に演奏を披露する機会があった。これまでの学業の成果を発表する機会である。

十一月十三日土曜日に行われた「第一四九回報国団 出陣学徒壮行演奏会」で、器楽部の学生が専攻の楽器を演奏する中、弘二はひとり自作を発表した。

演目は、もちろん、かねてから独自に作曲を続けていたオペラ《白狐》。

東京音楽学校の前身、音楽取調係初代校長でもある岡倉天心が、その最晩年の大正二年（一九一二年）、ボストンにおいて英語で創作したオペラで、大阪府南部の現・和泉市信太山に伝わる白い狐の恩返しの物語「葛の葉伝説」を下敷きにしている。完成後、米国人による作曲の話はあったが、結局実現しないいまま、以来、誰も曲をつけたことがなかった。

弘二の作品は、清見陸郎による邦訳[17]に曲をつけたもので、音楽会で演奏したのはその第２幕第３場のアリア〈こるはの独唱〉である。

お月さま　お月さま　ただお独りで　白々と
星影まばらに　水晶のやうな美しい夜空
光は陰を追ひ　陰は光に交わる

ああ　私《わたくし》は　私は　やはり独りで　白々と
宿世《すくせ》の因果で　こんな姿に　閉ぢこめられている
せめての喜びも　今はうすれて
悲しみの前に　はかなくも　砕かれてしまった

おつきさま　潔らかな　お月さま
あなたの潔らかさを　お貸し下さい
あなたの　まどかなお光で
前世の罪を　お濯《すす》ぎ下さい
私はこれから　ご恩返しに
保名《やすな》さまの所へ　参らねばなりませぬ

保名さまは　悲しみに　心も乱れて
疵の手当ても　なされずに
狂い狂うて　あてもなく
さまよひ歩いて　居られます

私が　葛の葉姫の姿になって
胸の思ひを　お晴らしせずば
玉の緒さへも　断えるでございませう
今こそ私を　浅ましい畜生道から救い上げ
ご恩返しを　させて下さいませ

美しいユリよ　美しい素馨《そけい》よ
お前たちの美しさを　私におくれ

泥の中から　咲いて出た
蓮《はちす》の花の様に
お前たちのきれいな衣装で　私を包み

葛の葉姫と　咲かせておくれ
葛の葉姫と　咲かせておくれ!!

現存の楽譜はページ番号「27」から「38」、それに続く「extra」１ページの計13ページからなる。ページ番号から推測するに、前後もすでに作曲されていた可能性が高い。「こるは独唱、終結」と夕イトルの入った最後の「extra」だけは五線譜が異なり、鉛筆書きである。アリア単独で演奏するために付け加えられたと推測される。

演奏会の当日も、あの無許可コンサートと同じく、歌唱を声楽部三年の先輩、戸田敏子氏に依頼した。ピアノ伴奏は、戸田氏が「いつも一緒にやっていたお友達」と表現する器楽部三年の太田道子氏である。

このアリアは、教授陣にも非常に高く評価された。それは貞朗の耳にも入っていた。

木下保先生が神戸へ出張された際、一晩宅へ来て泊まって下さったことがあるが、その時の先生の話に、あの曲は良く出来ている。何分にもまだ未熟な学生の作だから良しあしと言うことよりも、本科二年の学生としてあれ程の大作を手にかけたものは未だかつてない。兵隊に行く前に是非あれを完成させたいと念願していたが、時間が許さなかったので残念だった。せめて無事凱旋して、あれを完成して呉れたらなア…と述懐された。

また、二年先輩の声楽部 畑中良輔氏は、自書の中で

オペラ《白狐》は日本の旋法を巧みに使い、ドビュッシー的なハーモニーをバックに美しいアリアがすでに書かれていた。私はこれを音に残したいと思い、当時アセテート盤でたった一枚だけ吹込みのできる銀座の白牡丹スタジオで、歌曲を私が、そして《白狐》を戸田敏子に頼んで歌ってもらった。何と言う感性の豊かな、天分に溢れた青年だろうと感嘆したものである…

三枚のレコード

畑中氏によるレコード録音の経緯は、現存する弘二のレコードとは別の版のことなのか、あるいは五十数年たって記憶があいまいになっていたのか、どちらかだろう。

村野家に現存する三枚組のレコードは、「東京・下目黒 音響科学研究所」で作成された「音研音盤」である。入隊を目前にした弘二が、父親に費用を工面してもらい、演奏会と同じ演奏者に録音の協力

を仰いで、完成後はお世話になった方々に配ったという貞朗の以下の記述が正しいと思われる。

演奏者は器楽科や声楽科の上級生の諸兄姉であったが、大変好評だったというので、その時の演奏の通りをさらにレコードに吹き込み、それ等の人々に謝意を表するため、坪田のおばさん（姉）に親代わりに出席して貰って、上野の精養軒で晩餐を差し上げたと報告して来た。その後レコードが出来上がって送って来たので、弘二の指示に従って学友や親戚の同好の人々へ一組ずつ贈呈した。池尻先生にも差上げた。

吹込みがコロンビアやビクターと違って極めてお粗末なので、ピアノの音も歌う人の肉声も変なものになって聴きづらいことは遺憾であるが、当時、戦争たけなわな時で、コロンビアやビクターは外国資本のはいった会社であるためか吹込みはやらず、音楽研究会とかいう軍部から辛うじて吹込みを許されていた所で吹込んだので、致し方ないことである。

このレコードは三枚組で、一枚目表裏と二枚目表に〈こるはの独唱〉、二枚目裏に《重たげの夢》、三枚目に《この朝のなげかひは》《君の為》の計四曲が納められた。この時点で、弘二本人が考える自らの代表作が選ばれていると考えてよい。

《重たげの夢》は、三好達治の『一點鐘』収録の「海六章」の一篇に曲をつけたもの。戸田敏子氏の独唱、井上みどり氏のチェロ、弘二本人のピアノで録音されている。

重たげの夢　はてしなく
うつうつと眠る　わたつみ
的皪《てきれき》と　花かぐわしく
六月の　柑子《こうじ》のやまは
柑子のなりに　まどかなる
つらなりて　そをかこみたり
かかる日も　われが憂いは

遠き日の　かたゆきたらん

「sempre cantabile」つまり「いつも歌うように」と楽譜に指示のあるとおり、たおやかなピアノとチェロを伴奏とした曲。歌詞に二度出てくる「こうじ」を意識していないはずはないだろう。戦後、中学時代の親友・木村逸平氏がこの歌を口ずさみ、「村野君の曲だ」と奥様に言っていた。[18]

《この朝のなげかひは》は、大木惇夫の詩集『風・光・木の葉』から「秋の瞳」の一篇。こちらは「Lento, tranquillamente（緩やかに、静かに）」。畑中良輔の独唱と、弘二本人のピアノである。

この朝のなげかひは
いともしずかに　あらしめよ
空に鳥なき　風は木の葉にさやぐとも
この涙　しづかに砂に沁ましめよ

東京藝術大学の橋本久美子特任助教は、

〝なげかひ〟に深く感応した十九歳の村野は、音楽が詩に対して何ができるかをすでに感得していたのだろう。果てしなき嘆きを、緩やかな下行音階に写して和声の色彩的変化に富み、静かに、どこまでも深く沁ませていく。

と、読み解く。[19]

三枚の最後にあたる《君の為》は、弘二が音楽学校入学前に作曲したもので、自ら歌っている。歌詞は、後醍醐天皇の皇子である宗良親王の歌、「君がため世のため何か惜しからむ捨ててかひある命なりせば」で、戦時中、士気高揚のためによく使われた和歌である。

彼がこの曲を作り、しかも自ら独唱して吹込んだのも、やがて兵となって皇国のため征途にのぼることを予想し、自分の覚悟を歌ったものであって、何の邪気も邪念もなく、ひたすらに御国のため一身を捧げる純真な忠誠一徹の気持ちが伺われることは実に尊いことであり、彼自身も最後までこの気持ちで戦い、終戦も知らずにこの忠誠に斃れたことは、彼も満足であろうし、残された我々肉親もこの上ない幸いである。

と、貞朗は思いを寄せる。同級生の島岡氏の「愛国心に溢れて戦争にのめり込む」という観察からしても、この貞朗の言う弘二の「忠誠一徹の気持ち」は偽りではなかっただろう。

これでええんや。

十二月一日が、陸軍の入営日だった。

数日前には、村内で同時に入営する五、六人の人のために、町内会の人々によって壮行会が行われ、野寄の氏神さまで武運長久のお祈りをして貰った。

入営当日の京都での早朝の集合に備えて、弘二は前日に神戸の家を出た。その様子を、見送りに来てくれた幼馴染みの加藤進氏が回想している。

彼が京都伏見の通信隊へ入隊出発の日、海軍入隊が十二月十日である私は、彼の家へ見送りに行った。彼は電蓄のある応接間にいた。表門にはそろそろ国防婦人会や隣保の人々が集まり始めていた。彼は最後に一枚のレコードをかけ、目を閉じて聴き出した。

やがて表門で「村野弘二君、万歳」の声が始まり、家の人も出発の時間を知らせに来た。彼は目を開けて立ち上がり、そのレコードを途中で止めて「これでええんや」と言って笑った。私は思わず彼の手を握りしめた…彼とはこれが最後であった。

最後に聴いたレコードは何だったろう。一緒にいた加藤氏が曲名を知らない、弘二にとって最後に聴きたい大切な曲だったのなら、それは、きっと…。

14　『東京芸術大学百年史東京音楽学校篇　第2巻』財団法人芸術研究振興財団・東京芸術大学百年史刊行委員会編音楽之友社、平成15年

15　「戦没音楽学生の作品の保存公開とその課題」橋本久美子『アート・ドキュメンテーション研究No.32』アート・ドキュメンテーション学会、２０２４年5月

16　『福井新聞』昭和45年5月23日

17　『岡倉天心全集』聖文閣、昭和11年5月3日　または『岡倉天心全集』六芸社、昭和14年10月20日

18　木村氏の次男、木村純平氏との私的会話、平成28年

19　『戦没学生のメッセージ～戦時下の東京音楽学校・東京美術学校』プログラム、東京藝術大学演奏芸術センター・東京藝術大学、２０１７年7月30日

五．甲種幹部候補生

もうその頃は大勢の見送りや、旗幟《のぼ》りを立てて行くことは禁じられたので、ほんの昵懇《じっこん》な数人の人々に駅まで送られて、余と共に住吉を出発した。夕方京都に付き、蹴上の都ホテルで小さい隣り合わせの室に入った。

分家したあとも、貞朗を戸主とする本籍は福井県にあった。福井県は、三重県、滋賀県とともに京都師団管区に属しており、福井県から入営する者は集団で列車に乗って京都に入り、用意された指定の宿泊所で前泊することになっていた。しかし、貞朗は個人で都ホテルを予約していた。「その晩はホテルで二人が決別の晩餐を共にし、弘二の好きな牛肉の料理でも食べよう」と思っていたらしい。だが、京都帝国大学の吉田卯三郎教授から壮行の晩餐会への招待があり、ご厚意に甘えて夕食をごちそうになることにした。吉田宅に向かう途中、聖護院ちかくの

熊野神社前の宿泊所に顔を出したが、市役所の引率者もおらず、連隊区司令部の係官も先刻点呼に来たがもう帰ったと言うし、・・・こちらは福井から出て来たものではなし、またすでにホテルに宿を取ったことでもあるし、見れば各室満員のようで、その上、入営者以外は付添人でも泊めてくれないと言う。

そこで、旅館の人に「明日まちがいなく入営することを届け出に来たこと」を司令部の係官に伝えてくれるよう頼んで、京都御所の北、塔ノ段に向かい、吉田宅でごちそうをいただいた。「十時頃ホテルに帰り、入浴して温まって寝に就いた」のだった。

現在、赤い鳥居の続く伏見稲荷神社を目当てに多くの外国人観光客が訪れる京都伏見は、戦前、軍都と呼ばれ、今も旧陸軍の施設跡などが残されている。明治四十一年（一九〇八年）築の第十六師団司令部の庁舎は今は聖母女学院本館となり、赤レンガと銅葺き屋根を持つ均整の取れた凛々しくも瀟洒な姿を見せている。すぐ西を南北に流れる琵琶湖疎水には、当時軍が設置した簡素なコンクリート橋がいくつもかかっており、その橋脚には、今も陸軍のマーク「五芒星」の星形が見える。弘二が入営した中部第四十二部隊は、今は京都教育大学の広いキャンパスになっている歩兵第九聯隊の中にあった。

いよいよ、別れの朝。

翌十二月一日の朝は八時の入営となっているので、早く起きて朝食を摂り、旧京阪電車の三条終点から電車に乗って、伏見の藤の森にある中部第四十二部隊の前に行った。数百の入営者と付添人で藤の森は一杯だった。

定刻を過ぎて待つほどに、名前を呼ばれて弘二は入営者の列に加わり、下士官に引率されて四列縦隊で、皆、風呂敷包を提げ、元気よく行進し、営門で「頭右《かしら》」の礼をして威勢よく入営した。それから数時間後、余は弘二のいないさみしい家に帰った。

こうして、昭和十八年（一九四三年）十二月一日水曜日、弘二は、音楽学生から兵士になった。

とはいえ、神戸の摂津本山と京都の伏見であるから、それほど遠いわけでもない。月一度ぐらいは面会が許されており、「家内中総出で行ったこともあり、また、二、三人で行ったこともあった」という。家族総出なら、父母と、十五歳、十三歳、四歳、〇歳の弟四人の大騒ぎだ。

面会人の所持品は門衛所で預けさせられ、食物など一切持ち込めないという話もあったので、最初は正直に食物を持って行くことは手控えたが、行ってみれば、公然とは許されないが、内々、少しくらいの物は持って入って食べさせることができた。

営内の食事は、昔と変って、一般的な食料欠乏のため肉や脂肪類はほとんどなく、麦飯に菜っ葉や馬鈴薯の煮付けぐらいが御馳走の方だというので、何か栄養の高いものか、甘いものを持って行って食べさせたいのは山々であるが、手に入る物もないので、やむなく、バター飯や蒸しパンや白米のおにぎりなどを弁当箱に詰めて、われらの食べる弁当と一緒に包んで持って行った。

それでも喜んで食べてくれたが、周囲の面会人の間を見れば、甘そうなぼた餅をお重一杯に詰め込んで、ほかにもいろいろの御馳走の重詰を並べて、ちびちび手酌で酒さえ飲んでいるのを見せつけられるのは、何よりつらい思いをさせられた。たぶん、百姓の人か、ヤミ屋の所為であろう。

昭和十九年ともなると、多少は裕福な会社役員でも「お重一杯のボタ餅」を手に入れることは難しかったのだろう。農家やヤミ屋をねたむ父親の記述は、正直だ。

伯父・村野三男少将も、伏見で弘二に会っていたようである。

伏見の隊へは、兄も二度行って下さったので、教官の若い将校や班長等は、少将閣下の甥だと言うので特に可愛がってくれたようであった。

「可愛がられた」というが、少将のにらみが効いて本当に少しは特別扱いされたのか、少将の弟の立場で、また親として貞朗がそう思いたかったのか。弘二が営内の実態を家族に話すはずもなく、殴られるのが当たり前の新兵教育期間をどのように過ごしたかは想像するしかない。

二度目の上京

半年の基礎教育ののち、貞朗の言う「精勤勉学の効あって」、弘二は甲種幹部候補生の試験に合格した。もっとも、昭和十九年（一九四四年）の幹部候補生採用数は一万七千六百六十六名、うち甲種合格が一万百九十五名であるというから、[20]六割以上が甲種。五月には「特別」甲種幹部候補生制度もできており、とくに出陣学徒を対象に変則的な幹部候補生の速成養成が行われている。

陸軍は将校の不足に悩んでいた。不足率は下位将校になるほどひどく、不足率は大佐が十五％、中佐四十％、少佐七十％で、大尉に至っては八十％の不足。それぞれが本来の職より高い職を任されており、たとえば、本来大尉を充てるべき中隊長の職のほとんどは中尉に任されていた。要は、戦線拡大の一途である一方で軍生え抜きの下級将校が多数戦死してしまい、下級将校の量産体制がとられていたのが実情だったのである。

幹部候補生たちは「伍長」の階級を得て、それぞれさらに専門教育を受けるために原隊から各地の部隊に配属されていく。弘二は、神奈川県相模原市にあった陸軍通信学校に入学することになった。

耳が良い音楽学校出身者を、特に通信隊に配属したという説がある。

昭和十九年初旬、音楽学校の生徒数人が東京帝国大学の防音室に連れて行かれ、「ボーイングやロッキード」といった敵機の高度や速度などによる音の高低、あるいは音色の違い」を聴き分ける試験を受けたという証言がある。[21]結果、絶対音感を持っていた生徒らは、十種類あまりを完璧に聴き分けたという。他にも、音楽学校の学生が音波探知機の製造に動員され音の高さを聴き分ける仕事をしたとか、水中調音機の指導員に徴用されたとか、戦車の車輪やシャフトの打音検査に使われたとか証言されている。[22]

昭和19年の正月か？右は弟たち、左は継母と末弟。

軍は音楽学生の音感をそんな風に利用していたのだ。もっとも、それが弘二が通信兵に配属された理由だとはいえないのだが。

昭和十九年（一九四四年）五月。弘二にとっては、神戸の実家から上野に向かった時以来、二年ぶり二度目の上京になった。

直前の四月末に外泊が許され、実家で家族と過ごしているはずなのだが、それでも名残はつきなかったか。軍用列車で東海道本線を京都から神奈川まで送られる息子を見送りに、貞朗は、夜中、京都駅に出向く。

余は弘二を見送るために、前夜、それも大連から帰宅したその日の夜の終電車で京都駅へ行って、翌朝五時の隊の出発時刻まで駅で夜を明かし、払暁《ふつぎょう》から駅前に出て伏見から引率されてくるのを待って、弘二に面会した。発車まで一時間ほどあったので、いろいろ話をし、プラットホームに出て発車を見送った。

陸軍通信学校

東京の通信学校は、新宿から小田原急行電車に乗って約一時間、小田原行きと江の島行きとの分岐点の駅で降りて数町歩くところで、相模ヶ原の何とか台という陸軍病院のあるところで、学校はその隣にあった。坪田の姉や千鶴子さんは、度々面会に行って下さった。余も三、四回行った。いつも坪田の姉の心尽くしの食べ物を持って行って食べさせた。

「分岐点の駅」とは、今の小田急・相模大野駅。開設当初は「通信学校駅」と呼ばれていた。「何とか台」は「相武台」のことで、陸軍関係の施設が多数置かれた。

神戸から東海道線で東京まで、かつての超特急「燕」でも九時間かかったのだが、昭和十九年のこの時はすでに「決戦非常措置」により特急列車も一等車も廃止されていたはずで、どれほど時間と労力がかかったか。半年足らずの間に「余も三、四回も会いに行った」というのが本当なら驚きである。

昭和十六年に、国策によって日出紡織と錦華紡績ほか二社が合併して大和紡績となり、貞朗はその常務取締役（企画部長）になっていたので、東京出張にからめてのことだった可能性はある。食材を入手し調理して江古田から来てくれる伯母と従姉にしても、厳しい食料事情の中、若い者に少しでも食べさせてやりたいという強い思いを感じる。

遺品には数十冊のポケット版の楽譜があるが、その中に『音楽世界』付録の『ベートーヴェン 第三交響曲・英雄』がある。裏表紙に「坪田」の印鑑が押されていることから、坪田の家にあったものだろう。その裏表紙をめくったところに五センチ×四センチ四方のガリ版刷りの蔵書票が添付されており、

「昭和十九年六月十九日」
「許可印」
「図書名 英雄交響曲」
「氏名 村野弘二」

とある。おそらくこの蔵書票は隊の許可証だと思われ、弘二が通信学校の許可を得て宿舎内で所持していた楽譜だと推察される。

同じ日付のラベルが、もう一冊、『ベートーヴェン 第四交響曲』にも添付されている。遺品の他の楽譜はすべて海外で発行された洋書だが、この二冊だけは国内の発行で異質である。入営後一か月、音楽に飢えを感じた弘二が、坪田の親戚に頼んで持ってきてもらった可能性がある。営内に持ち込む際に、外国製の楽譜は控えたのかもしれない。

また、現存する弘二の最後の写真は、この通信学校時代に撮影されたものである。通信学校から日帰り遠足のように出かけたのだろう、現・青梅市にある武蔵御嶽《みたけ》神社での集合写真だ。御嶽神社は古来、武運を祈る武将が信仰を寄せており、軍の教育機関の目的地としてはふさわしかったのかもしれない。

青梅線の御嶽駅から参道を上って写真の撮影場所である鳥居までは約二時間。木立の中を吹き抜ける風の涼しさはあるとはいえ、五月から九月までの在校期間に行われた山登りであるから、相当汗だくになったに違いない。現に、写真中央に居丈高に杖を持って立つ人物は、白シャツを腕まくりしている。にもかかわらず、弘二は白シャツにネクタイを首元できっちり締め、さらに上着のボタンも留めた乱れのない正装である。参詣だからなのか、記念撮影だからなのか、こういう所に彼の生真面目さが表れているような気がする。

陸軍通信学校の敷地は、現在、そのまま相模女子大学になっている。相模大野駅からまっすぐ伸びる軍用道路を歩いて十分ほど。大きな針葉樹が並び立つ広いキャンパスを訪れると、当時の遺構が多く見つかる。女子大に似つかわしくない無骨なコンクリートの正門の門柱、涼やかな庭園を併設する将校集会所、「五芒星」のマークがついたマンホール。新しい校舎の陰には、錆びた鉄筋が突き出した建物の基礎、ツタに覆われた焼却炉の煙突や給水塔。特に、キャンパスの北のはずれにある地下水をくみ上げるための大きなポンプは、今も現役でキャンパス内に水を供給していると伺った。

しかし、弘二がその水を飲んでいたのは、五か月に満たなかった。

本来、通信学校の尉官の課程は十か月で、卒業は翌春三月であるはずが十二月に繰り上げられ、それすら待たずに、九月末には出征が決まったのである。貞朗は「作戦の都合か」と遠慮がちに書いているが、実のところ、動員した学徒を教育する手間さえ惜しんで前線に送り出すほど、日本は追い詰められていたのだ。

この昭和十九年（一九四四年）七月にはサイパン島が陥落して、これ以上は譲れないという意味で設定された「絶対国防圏」は破綻し、東条英機内閣が辞職している。日本本土への直接の空爆が可能な距離にあるサイパン島が米国軍の手に渡ったことは、限られた情報しか与えられなかった一般の日本人にも、大きな不安材料となったに違いにない。

軍服やら軍刀やら

そんな戦況のなか、いよいよ外地へ息子を送り出すことになった親は、もちろん心穏やかなはずもない。しかし、ただ別れを惜しんでいるわけにはいかない。出征の準備も兵士を送り出す家族の責務だったからだ。

ちょっと信じがたいが、戦前の軍隊では、下士官（曹長、軍曹、伍長）までの制服や装備は支給されるが、将校（少尉以上）は、軍服、軍刀、拳銃などすべての装備を自腹で用意しなければならなかった。弘二のような召集された幹部候補生の場合、出征の時は軍曹の階級でも、日本を離れた後に時期が来れば見習い下士官（曹長）に昇進し、続いて将校の一番下の少尉に任官されることが予想される。したがって、家族は将校になった時の装備を用意して持たせてやらなければならないのである。

弘二の場合、軍服などは、学校を通じて夏用・冬用を一式購入した。出発直前の面会の際に「弘二は、面会所へ行李に入れた一抱えの荷物を持ち出して来て、中から軍服を出して着て見せたり、長靴を履いてみたりした」という。「長靴」は将校用だから、彼は少尉に昇進したときの軍装を付けて父に見せたのだ。意外なほど無邪気だ。

「服地は少し悪くなっていたが、当時の物としては民間ではとうてい手に入れ難いもの」と、貞朗は繊維業者らしく評している。

将校が下げる軍刀については、学校でも満足のいくものが調達できなかったとみえ、父親はこれにも手を尽くす。

鷲田（著者注：弘二の生母・小酉の実家）から甥の出征を祝うため、一尺八寸の何とか銘入りの日本刀を贈られていたので、弘二に面会に行くとき持参して見せてやり、弘二も大変喜んだのであるが、急に出征が九月と決まった。早速、装備をさせて軍刀として佩用《はいよう》できるようにしたいと思い、兄に頼むのが一番早いと思ったので、兄から偕行社（著者注：陸軍将校・OBの互助団体で軍装品の販売などもしていた）へ依頼してもらった。あいにく刀身に少し錆があるので、取り敢えず研いでもらったが、研ぎ上がって来たのは、既に弘二の出発後であった。この刀は鷲田の祖父が愛用していたもので、古刀ではなく徳川末期の作で、地金がちょうど今の軍刀向きなので非常に良かったのであるが、時間的に間に合わなかったのは残念だった。やむなく、大阪の知人が世話してくれた造幣廠の新刀を装備したものを買ってやった。

しかし、どういう経緯か、結局、弘二が出征に携えたのは銘入りの日本刀でも、造幣廠の新刀でもなく、学校で買ってもらった大量生産の新刀だったようである。不要になった銘入りの日本刀は、戦後焼け出されて疎開中だった鷲田家に返納し、大阪造幣廠の新刀のほうは、航空士官学校を出た甥が少尉として配属される際に求められて譲っている。

刀の付属品も良いものは入手できなかったようだ。刀をさげるためのベルト「剱帯《けんたい》」も「品質が悪くて弱そうなので、余が三十年前、予後備の少尉として時々の招集に使った指揮刀の剱帯を持たせてやった」という。

このように軍刀については詳しく書かれているのだが、拳銃については一切記述がない。戦争末期には軍刀以上に拳銃は入手が難しくなっていたらしく、任官した現地で部隊所有の拳銃を貸与される例も多かったという。おそらく弘二も拳銃は用意しなかったのではないかと思われる。

20 『戦史叢書　第〇九九巻陸軍軍戦備』防衛研究所

21 『同声会報　No.5』東京藝術大学音楽学部同声会、平成17年7月1日

22 『東京芸術大学百年史　東京音楽学校篇　第二巻』財団法人芸術研究振興財団・東京芸術大学百年史刊行委員会編、音楽之友社、平成15年

六. 左の車窓

普通ならば来年三月が通信学校の卒業期だというのを戦時措置として繰り上げられて十二月に卒業ということになったが、その卒業期さえ待たずに出征する事になり、九月末に同級生約二百名と共に、少尉任官後の軍装一式調達して学校を卒業出発した。

最後の面会

昭和十九年（一九二四年）九月末、卒業を半年繰り上げて南方へ出征することが決まり、教官から面会許可の通知が家族に届いた。貞朗は上京して通信学校まで会いに行った。それは、二人には最後となるかもしれない面会だった。

定刻に面会室に集まった面会人一同に対し、教官から、「今度いよいよ出征することになったについては、生徒たちには十分訓示して、再び帰らぬ覚悟で行かせるのだから、諸氏もお国に捧げられた子弟であるからには、凱旋して帰るなどとは思って貰わぬように願いたい。従って、今日これから面会されても、決して本人の心残りになるようなことは一切言わずに、ただ『しっかりやって来い』と激励してやって欲しい」と注意された。

なお、「今度の戦闘はなかなか容易なことではないから、遺骨など果たして帰るかどうかも分からぬから、先日、生徒たちには、出発前に家に言って遺すべきことがあったら手紙を書いて、それに爪と髪の毛を添えて送るようにと申しつけておいたから、皆さんのもとへは、既に送り届けられているはずと思う」と、付け加えられた。

それから面会が始まって、弘二も出て来た。いろいろの話の末、先刻の教官の言われたことを話し、「お前は書面も、爪も髪の毛も、送って寄越さないじゃないか」と言ったところ、弘二はからからと笑って、「そんな馬鹿な。何も言うことは無いし、死んだとて、爪や髪の毛くらいあったとて何にもならんじゃないですか。教官からそんなことを言われたけれども、皆、わっはっはと笑って誰も実行した者はない」と言って、全然問題にしない態度であった。それ以上こちらから、爪をよこせ、髪を切ってくれとは言い兼ねたので、余もまた笑って、そのまますませてしまった。

遺書・遺髪に関するこの会話は、強く貞朗の心に残ったのだろう。死亡が判明した後の逡巡する気持ちも手記に書いている。

今となれば遺骨は勿論、遺品一つ帰って来ないので、葬式をするにも何一つしるしが無くて寂しい感がするが、それも弘二の言った通り、あったからとて、そんな物を飾って拝んで見たところで、何もならぬことだ。写真一枚飾って拝み、最後の礼をすれば結構だ。妙に皮肉なようだが、誰の骨かわからぬ遺骨などに礼拝するのもかえっておかしなものだ。一層何もない方が、彼の霊だけがさっぱりして式場に降って来ているような気持がして、却って良いような気がする。

某方面に勇躍進出せり

一般に、南方に向かう輸送船に乗る兵士らは、列車で主に門司港に移送される。通信学校出発は、九月十七日日曜日だった。その前夜、弘二は家族にあてた手紙を書いた。現物は残されていないが、それを手書きで写したものが残っている。大和紡績の社用箋に、貞朗の筆跡ではない走り書きで書かれている。おそらく、大切な手紙の内容が失われないよう、貞朗が人に写させたと推測される。今ならコピーを取っておく感覚だろう。

拝啓　何度もおいで下され、色々と御面倒を御掛けして誠に申し訳ございません。

二度目はほんの暫《しばら》くで全くあっけない事でしたが、その前の時に充分お話ができ、余り心残りもありませんでした。届けて下さった種々の品は有難く頂戴して出発いたします。磁針、刀の柄袋、鞘覆《さやおお》い等の手に入らなかったものや、申し忘れたものも、学校のお取り計らいにより、立派な品が手に入りましたから、御安心下さい。

本日も自由に面会が出来たので、昨日、その旨を太田宛に打電してもらいましたが、今日おいで下さらなかった所を見ると、間に合わなかったのでしょう。致し方ありません。今夕、引率されて宮城の靖国神社に参拝し、明十七日の朝、いよいよ出発いたします。我々一同、大いに元気一杯張り切って居る次第です。行く先は申せませんし、また我々は知らぬ事になっておりますが、大和紡の出張所のある「島」であることは確実になりました。

尚、刀帯一式、弾嚢、それに日の丸の旗を一度、こちらに送って見て下さい。間に合えば追送して下さるそうですから。

では諸方にはくれぐれもよろしく「某方面に勇躍進出せり」と御伝え下さい。

まだ残暑酷しき機から、諸氏の御自愛を切に祈ります。間もなく霜の季節になれば小生等某地で「良い気候」のもとで大活躍して居るものと御承知下さい。

少将閣下、鷲田伯父上、坪田伯母上には、くれぐれもよろしく。

では　元気良く行って参ります。

出発前夜に当り　先ず御挨拶まで。乱筆悪しからず
十六日夜中　　　　　　　　　　　コウジ

ここで弘二が暗に伝えている行き先とは、「大和紡の出張所のある」「良い気候の」フィリピン・ルソン「島」である。貞朗が勤める大和紡績は、国策によりフィリピンでの綿花栽培・綿布製造を命じられ、マニラに出張所を置いていた。縁のある土地が行き先であることを心強く思うとともに、心配する家族にもぜひ伝えておきたかったに違いない。

しかし、東京出発の前日の面会には、電報を打ったにもかかわらず太田家（貞朗の妹の嫁ぎ先）の親戚も会いに来ず、少し寂しい思いもした。そこで弘二は、名古屋から電報を打って大阪駅の通過時

刻を知らせ、見送ってもらうことを画策する。
貞朗も、さっそく対応する。

通信学校を出発して、いよいよ軍用列車に乗り西下するとき、大阪の通過時刻を大体名古屋から電信で知らせて来たので、大阪駅へ出て見た。大阪駅ではその時刻の前後を調べてくれたが、左様な列車は通過しないというので遂に会えなかった。恐らく大阪駅は通らずに淀川の向うの宮原操車場を通って、吹田から直線に神埼へ出たのであろう。

親子は大阪駅で停車中に窓越しにでも話そうと思ったのか、通過する列車にせめて手を振ろうと思ったのか。北浜の会社から急ぎ大阪駅に向かった貞朗だったが、残念ながら列車は淀川を渡って大阪駅を通過することなく、貨物線を通って淀川の北岸をそのまま神戸方面に抜けてしまった。

軍用列車が住吉付近を通過したのは、午後一時か二時の頃であったらしい。さすが血気の若者でも、この時は自分の家がなつかしく、家庭が恋しく思われたものと見えて、車窓に伸び上って家の方を眺めたらしく、庭の高いヒマラヤシーダーの先が見えたか、お隣のポプラのテッペンが見えたものか、我家の恋しさとこれが自分の故郷の見納めかと思ったものか、それに大阪の通過時刻を家へ知らせたのに誰にも会えなかった心の寂しさも手伝って、急にセンチメンタルになったらしく、かねて教官に言われた「何か言い遺こすこと」を書きたくなって、頭の中でいろいろ取りまとめたものと見え、岡山の手前で通信紙を取り出し万年筆で細々と書きはじめ、夕方暗くなるまで書き続け、とうとう糸崎の付近で筆を擱いたと認めた手紙を寄越した。

今ではＪＲ神戸線の摂津本山駅や住吉駅のあたりも高い建物が林立し、まったく海側の眺望はない。しかし、この時の弘二は、進行方向左手の窓に張り付き、線路から国道二号線をへだててほんの二、三百メートル南にある我が家を見落とすまいと目を凝らしたのだろう。海側に低くなっていく神戸の土地だから、庭の高い木なら見えたはずだ。

その先、住吉駅から灘駅までは、ほんの三年半前まで、彼が毎日、五年間通い続けた懐かしい線路である。丘の上にそびえる神戸一中の校舎は、眼下を走る列車を見送ってくれただろうか。

ポンポン兄ちゃん

この弘二が車中で書いた手紙も、出発前夜の手紙と同様に、写しが残されている。長くなるが、前半を割愛せずに引用する。

何度も電報で御騒がせして申し訳ありません。折角の手配もよろしきを得ず、遂に一目も御目にかかれず実に残念でした。

列車は只今、岡山の少し手前を西へ西へと進んでおります。雨上がりの緑の野山は日に照り映えて、実に美しい光景を呈しております。爽やかな風の肌触りは特に秋の感覚です。日本のこの類いない「秋の感触」をかくも充分に味わいつつ去り行くことは、誠に幸福と申さねばなりません。美わしき大和島根の山河の美を讃えると同時に、今更のごとく、この麗しの国土を如何にもして守り通さなくては、との覚悟を新たにいたす次第です。

列車が野寄の辺りを通過した時には、車窓より充分に名残を惜しみました。家の隅のポプラの樹も、はるかに望見することができました。この懐かしい地に再び帰るのはいつの日かと思うと、実に感慨無量なるものがありましたが、今の小生はただ、マニラへ、マニラへと前進するのみです。どうかその日を御待ち下さい。いまや防人の歌を漂々と高吟して前進する我々には、すでに何等の思い残すところもありません。

昨日の午前十時頃学校を立ち、午後三時ごろ横浜から列車中の人となり、目下、まさに西下中というわけです。明朝には門司に到着の予定。それから先の行動は全く機密に属しますので申し上げられません。

正太郎氏は潜水艦で縦横無尽の活躍をなされつつあり、観二氏 憲三氏（著者注：江古田の下宿先の従兄たち）、彦次郎氏も各々幾山河をへだてて奮戦力闘されつつあります。この度は小生もその一員としていよいよ第一線に向かうことができ、従兄弟に負けぬ様、うんと頑張って御覧に入れます。また比島は音楽に豊富なところですから、小生の本職にモノをいわせて その方面でも国家に御奉公できる事を信じております。

年長の従兄たちの名をあげ、自分も負けずに活躍するとしたうえで、「音楽に豊富な」フィリピンで音楽関係の貢献ができれば嬉しいという気持ちに、決して偽りはなかったと思う。

アメリカの統治下にあったフィリピン・マニラには、二十世紀初頭から日本よりも早くジャズが流入しており、太平洋を横断する外洋客船に搭乗していたフィリピン人演奏家が、寄港先の神戸や横浜で演奏することもあった。大正時代には、フィリピン人ジャズバンドが神戸オリエンタルホテルを拠点として関西で活躍していたという。[23] したがってこと音楽に関しては、「時代はジャズだ」と中学在学中に叫んでいた弘二が、日本より新しいものに出会えるチャンスをフィリピンに期待していたとしても不思議ではない。

列車内でつづった手紙の後半は、家族それぞれへのメッセージから始まる。

父親へは、「御髪の霜がめっきりと増えて来られた様」と気遣い、「御歳には負けられないで元気で御活躍下さい。ただそれのみ、お願いです」とする。「御母様」にはお手伝いさんがいなくなって、男ばかりの所帯を切り盛りする苦労を心配している。口に出して「お母さん」と呼ばなかった弘二が、文章では「御母様」と書いてはいる。

続いて、四人の弟たち一人ひとりに、年長から順にメッセージがある。各人に応じて投げかけられる言葉に、弘二の考え方や人となりが現れているように感じる。

著者の父、康《やすし》に対しては、自分と同じ神戸一中への進学を祝い、

学校へ通い出した以上は学校の授業なり作業なりが第一ですから、まずそれに主力を注いで（「戦術」では、「それに重点を指向し」という言葉を使います）、余力を飛行機なり野菜なりに注ぐようにして下さい。兄貴である吾輩の示した副業重点主義は、結果からいって中々良いようですけれども、学校の卒業成績だけは良くしておいた方が将来に有益です。


と助言する。学業より音楽という副業に傾倒していた自分の中学時代は、いわば結果オーライと評価していたらしい。音楽学校で着実に歩みを進めているという自負あってのことだろう。

康は子供のころから丈夫ではなかったが、健康だった次の弟には、

シゲちゃんは軍人にはなりませんか。今の様な国情では男は皆、軍人として御国を守らなくてはならぬのです。（…）小生の経験によると、はたけ違いの所から幹部候補生として、または予備学生として、軍人になるのは一応近道のようですが、それだけに中々馴れない事ですし、一方、自分

の本職の方が中断されるので実に残念です。

と、やはり音楽の道が中断される残念さをのぞかせる。そして、

同じように御国に尽くすなら、はじめから軍人として育てられた方が、どれだけ国家のために有益であり、また、本人の幸福であるか知れません。ひとつ張り切って陸士か海兵を受けて見ませんか。

と職業軍人の道を勧めている。

その次の弟からは母親が違うが、可愛がっていた様子がわかる。本人が読めるように、次の段落はすべてカタカナ書きだ。

キミチャンハ、オゲンキデスカ。ヒトリデオルスバンヲシタリ、マサヲサンノオモリヲシタリ、ミルクヲカイニイッタリスルソウデスネ。エライデス。ポンポンニイチャンハ、イヨイヨ オクニノタメニ トオイトコロヘイッテ アメリカヤイギリスノオバカサンタチヲ ヤッツケルノデス。ソレデモ イウコトヲキカナイヤツハ、ニイチャンノニッポントウデ、スポント アタマヲ キッテシマヒマス。オバカサンノクビヲ オミヤゲニ モッテカヘッテアゲマショウカ。キミチャンモ ハヤク オ

オキクナッテ ニイチャントイッショニ アメリカヲヤッツケテ クダサイヨ。グズッタリ アマエタリスルト ツヨイニッポンジンニ ナレマセンヨ。

幼い弟から「ポンポン兄ちゃん」と呼ばれていたらしい。しかし、五歳になったばかりの弟に、一緒にアメリカと戦おうと言う。「兄ちゃんの日本刀」は圧倒的な米国軍の火力の前でどれほどの意味があっただろうか。

そして、末の弟・昌夫は、まだ一歳二か月。四月に会ったのが最後なので、どれほど大きくなったかと「想像がつきかねる」と言い、「強い男の子に育て上げてください」と願う。

続いて、大切な楽譜やレコードなどの管理の依頼がある。これについて貞朗は、昭和二十二年七月の手記に「弘二の依頼」という表題の一節を付け加えて書いている。戦地に出て行く息子に頼まれたのに果たせなかったことについて、強い心残りがあったのだろう。本著でも次に一章を設けて、引用したい。

長い手紙の最後には、親戚や学校の先生方、友人それぞれに対するお礼の言葉が述べられている。伯父の村野二三男に対しては「少将閣下にもまた、一方ならぬ御心配に与り、光栄この上ありません。(…)拝領の千人針を腰に巻いて一奮戦してまいりますゆえ、よろしくお伝え下さい」。

興味深いのは、村野家の隣に住むソプラノ歌手、小島幸氏に対するメッセージで、「この間の《荒城の月》の放送の様に、いつか南方で小生が再び先生の御放送をキャッチすることもありましょう」としている。小島氏の出演した番組が海外に放送されたのだろう。フィリピンでも内地のラジオ放送を聴くことができたので、彼女の歌声を彼の地で聴くことを期待していたと思われる。

そして、手紙の結びの部分である。

長々と書き連ねました。列車はいつか岡山を過ぎ福山を通って、今、糸崎附近を走っております。左の車窓からは美しい瀬戸の内海が見え、日は既に没して[24]山も海もあかね色に夕映して、てり輝いております。では元気で行って参ります。遠く南のフィリピンへ、マニラへ。先方へ到着次第、第一報を送ります。海路の無事安全を氏神様へ、出来れば摩耶山に御祈り申して下さい。

皆の健康が先ず第一の御願いです。

では小生の恥ずかしからぬ活躍を御期待下さい。ただひたすら南へ南へと前進します。

君の為、世の為何か惜しからむ、捨てて甲斐ある命なりせば
（護良親王[25]）

では又―――　　　　車中にて　　　　弘二

最後の和歌「君の為…」は、実際に文字を大きく書いてあった。自ら作曲し独唱をレコードに吹き込んだ、あの歌である。

受け取った父親は、「実に立派な遺言状であるので、早速家族共に読んで聴かせ、兄姉鷲田等へ回覧して読んで貰った。…回覧先からは涙で読んだと通信があった」という。

23　『日本の洋楽』大森盛太郎、１９８６年
24　１９４４年９月18日（月）の広島の日没時間は18時13分。
25　弘二は「護良親王」と書いているが、正しくは「宗良親王」の和歌。

七．遺していくもの

小生の蔵書（楽譜を含む）は実に夥しい数で、その購入に当たってはいつも御両親や坪田伯母上に御心配を御掛けしたのでした。まだ充分な研究を果さず、いよいよこれからという時に勉強を中断され、実に残念でなりません。

一部を勝山に疎開させて下さる由で感謝に堪えぬ次第です。中には日本に二、三冊しか無い貴重なものもありますから、くれぐれも慎重にお願いいたします。

弘二の頼み

東海道線を西に向かう車中、岡山の手前から尾道の先の糸崎あたりまでかかって書いた手紙には、家族、親戚、友人への挨拶以外に、こまごまと管理を依頼する部分がある。

まずは、本山村野寄の家について、

野寄の家は大分古くなりガタガタですけれども、小生にとっては最も懐かしい家です。空襲の危険もありますが、できる事なら最後まで完全に守り通して、小生の帰る日を待っていて下さい。無事で帰ろうとも、あるいは万一、木の箱に納められて帰ろうとも、この願いは同じです。

と綴っている。貞朗も、

この家で母も死に、姉も亡くなり、自分も物心が付いてから自分の部屋を定めて、好きな音楽の勉強に精根を打ち込み、友人と語り、弟と遊び、同好の友を集めて好きな音楽会を催したりしたのだから、本当の自分の家という感がするのであろう。

と思いを寄せる。

続いて、冒頭のように楽譜など、生還後に学業を再開するために必要な資料の保存を懇願する。冒頭に引用した部分である。

弘二の集めた音楽の譜面は、実に多数のものであった。有名なオペラの全曲を収めた譜面や、著名な作曲家の作曲した音楽の譜面は万難を排して蒐集していた。（…）弘二は自分でも気兼ねしていたほど金も使い、時間も労力も惜しまずに一所懸命に、名曲は元より、内外の譜面を買い集めていた。中には楽器店や書舗の倉庫の中まで這入ってネズミの糞にまみれて古ぼけた譜面を探し出して来て、表紙や頁に張り紙したり、綴じ直したりしていた。それ等の中には日本で稀有のものもあるようであった。

弘二の思いを受けて、確かに一部の資料は、福井城下の亡き前妻の実家、鷲田家に送られた。

だいたい選別して、重要なものは鉄道小荷物として、持ち運びも駅の受付けも中々容易でない中を、どうにかこうにか福井の鷲田まで送り届けた。

福井地方は、毎夜のような米機来襲のときでも、ラジオの警報は常に「福井県を除く」と放送して、福井県を危険区域から除外していたくらいであるから、空襲に対しては絶対に安全な地帯かと思ったので、鷲田の土蔵の内へ仕舞っておいて貰えば、それほど安全なことはない、野寄の家は焼かれても、弘二の大切な譜面だけは残ると思い込んでいたのである。

「福井に空襲は来ない」という〝都市伝説〟は、本土空襲の始まったころ一般にあったらしい。当時、京都府にいた著者の母も、そう聞いたと証言している。しかし実際には、米国軍が原爆の効果が検証できるように空爆を控えていた原爆投下候補地の十七都市に、福井は含まれていない。

これが、そもそも人間の浅はかな智慧であった。弘二に約束したように、勝山まで送って置けばよかったのにと残念でならぬ。しかし、当時の事情は、勝山は福井から私設電車であるから、鉄道小包物は行かないものと思っていた。また、事実、勝山へ送ることは福井駅で積みかえるので、無事に勝山までは届かないと思った。それは、住吉駅の受付けでも、小荷物は毎日何個と数を制限しており、その扱いも極めて不親切で無責任であるから、勝山まではとうてい送ることは不可能だと思っていた。運送屋などは命令による疎開者や戦災者の荷物でない限り、絶対に受付けてくれなかった。

左様な情勢だから福井へ送ることさえ容易でなく、ようやくのことで鷲田まで送り届けて、やれやれと安心したのであった。

皮肉なことに、この最も貴重な資料こそが福井空襲で完全に焼失してしまい、神戸に残した中学時代の作品や、多少の書物・楽譜だけが戦後に残ったのである。

灰になった楽譜

翌年、昭和二十年七月十九日の福井の空襲は、上空から目視爆撃できるほどの好天に恵まれ、大変効果の高い爆撃だったと言われている。[26]

しかるに、あに図らん、米機に計られて福井市は、七月十九日の夜、一夜にして全市焼き払われた。未だ一度も空襲を受けてなかった土地だから、市民の狼狽も甚だしく、来襲の機数も百二十機とかいう大掛かりな空襲であったから、たまらない。市の南端、山奥町付近に数百戸を残したのみで、全市丸焼けにされてしまったので、数千の死者を出している。鷲田も全焼し、土蔵も焼け落ちて何一つ残らなかったのだから、弘二の大切な譜面の荷物も、皆、灰燼に帰してしまった。

福井は市域の住居密集率が高かったため、中小都市爆撃では富山市・沼津市につぐ高い市街地焼夷率、八四・八％であったとされる。二万戸以上が焼失、九万人以上の市民が罹災し、死者数も一五〇〇人をこえる被害をうけた。[27] もちろん、福井城のすぐ北東にあった鷲田家も焼け出された。

旧藩士・鷲田家は、小西の父・鷲田 直が第九十二銀行（現・福井銀行）の副頭取を務めた名士である。千坪の敷地に松平家拝領の笏谷石《しゃくだにいし》の石垣を配し、松平家旧別邸・養浩館の庭園を模したという回遊式の庭を備え、大きな池があった。現当主・鷲田禎二氏によると、空襲警報に家族みながその池に飛び込み、頭から布団をかぶって空襲が去るのをただ待った。火に追われた近所の人も池に入ってきたという。幸い直撃弾こそなかったが、池から出た時には屋敷も蔵も、すべて焼け落ちていた。

貞朗の落胆ぶりは不憫なほどだ。

弘二の消息を案ずるにつけても、この事が気になり、弘二の無事帰還を祈る一面、また、帰って来たらどうしようと思うと独り憂鬱になって、不愉快でたまらず、むしろ弘二の帰還する前に死にたいと思った。

それだから弘二の死を知った時は、もちろん悲しかったと同時に、この事を思えば、一つの苦難から救われたという気持ちは、悲しみの幾分かを相殺してくれた。しかし考えれば、弘二がいかに怒ろうと泣いて悲しもうと、戦争だから財産の焼かれたことくらいは何でもない、むしろ当然である。どうして詫びてもよいから、やはり、生きて帰ってくれた方がよかったと、またしても煩悩に苦しめられるのを免れ得なかった。

資料が焼けてから二年後に思い出して書いた文章にもかかわらず、この苦悩ぶりだ。戦後になって、「鷲田でも戦災前に家財の一部を坂井郡の木部村（現 坂井市坂井町高柳）へ疎開してあった」と聞き、「あれほど大切な品物としてくれぐれ保管を頼んでおいたものを、なぜちょっと家財の疎開のついでに木部村まで運んでおいてくれなかったのだろうか」と恨んだとも書いている。

幸か不幸か、弘二の戦死によって、この浅ましい恨みごとも解消したことは嬉しい。

こうして、弘二の音楽学校時代の作品として遺されたのは、入営直前のレコード録音に使用した《白狐》のアリアと歌曲三曲の楽譜だけになった。これらの楽譜だけは、入営前に実家に戻ってきたときに、弘二が手荷物として持って帰ったものと想像される。オペラは断簡として遺されることになった。

SPレコード

車中の手紙の最後の依頼は、レコードについてである。「レコードも同様ですが、これは書類と違って保存に手入れを要しますから、なおさら恐縮です」と言い、「笹井氏でもいつも来て下さると好都合ですが、そうも行かず、康《やっ》ちゃんか滋《しげ》ちゃんを促して手入れさせて下さい。ただビロードの布でよく拭って、たまに聴いてくれればよいのです」と依頼している。貞朗によると「笹井清君は音楽好きで、いつも遊びに来てはレコードを掛けて聴き込んでおられた」人で、ご近所の人物と思われる。

これらSPレコードは非常に重たく大量にあり、野寄に残った。

レコードも毎月新刊のものを初め、名曲物をたくさん買い込んでいた。これは遠方へ送ることも荷造や目方の関係で困難だったから、せめて防空壕の中にでもと思って、屋敷の東北隅のコンクリート造りの元の犬小屋に入れてトタン板で前方を被って類焼を防ぐようにした。手入れとて、あの落ち付かぬ毎日毎夜の空襲の中で、そんなことができる筈もないので、せめて家は焼けてもレコードだけは助けたいと思って、軸物・書画などと一緒に入れたのである。

戦後まで残った村野家の多数のレコードは、著者の実家である弟・康の家に移された。専用の扉のついた収蔵棚に納められていた。高さ一メートルほど水平に積まれたレコードが、横三列あったと記憶している。だが、再生する手段もなく、一九六〇年代後半に転居に伴って廃棄された。

かくして家は助かり、レコードは残ったが、肝心の弘二が無言の帰還となったので、何より残念である。

26 『福井県史』通史編6 近現代二

27 『福井県史』通史編6 近現代二

八．雲丹の瓶詰

一ヶ月くらいの間に五、六百円の金は使ったが、戦友の中には酒色を漁って、自棄的な振舞をして大金を浪費した者も可なりあった様であるが、弘二は酒や煙草は一切やらず、女に近寄ることもなく、実につつましい真面目な青年兵士であった。親馬鹿かも知らんが、余は我が子ながら感心していたことであった。

毎日ごろごろ

東海道線から山陽線へと三日二晩列車に揺られて、昭和十九年九月十九日火曜日、弘二らは下関に入った。門司からの出航に備えての宿泊である。

ところが、船が来なかった。

三か月前、昭和十九年六月のマリアナ沖海戦で日本海軍は大敗した。空母三隻が撃沈され、潜水艦二十隻近く、飛行機も四百七十機以上を損失し、わずか二日間の戦いで三千人以上が戦死。日本は制海権・制空権を完全に失った。

そもそも資源のない日本にとって、輸送船こそが命綱だった。占領したインドネシアなどの産油地から石油を運んでこないと、船も戦車も飛行機も動かせない。日本の海の戦争を担っていたのは軍艦だけではなかったことは重要である。それを分かって米国は輸送船を徹底的に攻撃した。

神戸市にある「戦没した船と海員の資料館」によると、民間から徴用された数千隻の船舶は容赦なく魚雷の餌食になり、徴用された船を操る民間人船員の死亡率は推計四十三％。二割ほどとされる軍人の死亡率をはるかに上回っているという。「徴用」という拒否できない命の動員は、もっと顧みられるべきであるように思う。

終戦の一年前、出陣学徒がいよいよ前線に向かおうとしたこの頃には、船団を組むのにも事欠くほど日本の輸送船は決定的な不足に陥っていた。結局、弘二たちも一か月以上、下関に留まることになる。貞朗はその理由を「汽船の都合で」と控えめに書いているが、当時の一般国民はこの実態をどれほど知らされていたのだろう。

待機するしかない当の兵士たち。

毎日ごろごろしていたのと、関門地方には当時まだ食料は相当潤沢で、各種の飲食店があり、三円か五円くらいで十分食えたのと、入営以来、内地の兵営や軍の学校生活ではかなり食事には不自由して来た関係で、内地の飯の食い納めだというので、毎日四食も五食も食べ歩いていた。

さらには、下関より門司のほうが「物が豊富で値も安いと言うので、連絡船で渡って、戦友達と食い廻っていたようである」。そして、「(通信)学校を立つときに持っていた三百円余りの金」も「遣い果たして懐中が淋しくなった」弘二は、「内々で電信を寄越して来た」という。つまり、こっそり父にお小遣いを無心したのだ。

丁度、折もよく、石見工場に出張する社用もあったので、早速、都合をして下関まで尋ねて行ってやった。

なんと。貞朗は、下関の宿舎まで、弘二に会いに行ったのである。大和紡績石見工場は、島根県益田市にあった。確かに、山陰本線でもうちょっと足を延ばせば、下関ではあるのだが…。

最後の別れ

昭和十七年に関門トンネルが開通したのに合わせて下関駅は西に数百メートル移動しており、貞朗が到着した下関駅はすでに今の位置にあった。「宿は、駅より五、六町離れた裏町のちっぽけな安宿で、裏二階の二間か三間に四、五十人が詰め込まれて」いたという。

「裏町」が下関のどの地域かは定かではないが、駅から五、六百メートルという距離にある旅館や飲食店、遊郭が集中していた地域としては、駅の東側の豊前田町か、西側の新地のいずれかだと推測される。が、豊前田町は「裏町」というより旧下関駅・下関港に近い「表町」なので、新地のほうが可能性が高い。新地には今も洒落た窓格子の続く花街風の木造二階建ての建物がいくつも残っている。レンガ造りの煙突を持つ風呂屋もある。戦前から続く写真館もある。

弘二を玄関に呼び出したが、店先には上がって話す場所もないので、弘二に聴けば、表二階には一般客を泊める空いた部屋がまだ二つ三つある様子なので、特に女将さんに頼んで、どんな部屋でもよいから、隊の方には内緒で一晩泊めてくれるように交渉した。幸い承諾してくれたので、案内された二階の塵だらけの六畳の室に上った。そして二人でそこいらを掃除して、煎餅のような座布団に尻を落ちつけた。

夕食は特別料理で二人分をこしらえさせ、弘二の給与の食事も持って来て、余が用意して行った焼小鯛など僅かの食料も取り出して、二人でたらふく食った。そしてそれ以上他に食いに行く必要も無いので、その晩は夜更けまで話して、二人が枕を並べて寝た。思えばこれがわれら親子の交情を温めた最後であった。

通信学校出発の前夜の面会に来てもらえず、大阪駅でも会えず、貞朗がこの訪問を事前に知らせていたかどうかは不明だが、宿の玄関先に父親の姿を見た弘二は心底嬉しかったに違いない。「隊のほうには内緒で」、父子は、下関の「塵だらけ」の六畳間で、本当に最後の夜を過ごしたのだった。また、「二百円の金を渡してやった。（…）弘二は非常に喜んで、これで征くまで毎日腹一杯食べられると言って悦んだ」という。

当夜の話の内容も、多少、書き残されている。

宿屋で弘二が見せた船中の用意の品として、煎り大豆を太い竹筒に詰めたものを二本持っていた。それは航海の途中で船がやられたとき、海上を漂いながらかじる食糧であって、命の綱であるが、普通ならば鰹節など用意するものであるが、今どき鰹節などないので、大豆で代用するのだという話であった。大豆は近所の見知らぬ農家へ行って売って貰い、それをそこで煎って貰ったのだそうで、農家では甘藷も炊いてもらって食べたが、代金を取ってくれないので困ったと言っていた。

見知らぬ兵士に貴重な大豆を煎って渡し、さつま芋まで食べさせてくれた農家が下関にあったことを、心から感謝して記録しておきたいと思う。

それから、弘二の宿屋での話では、同宿の戦友はいずれも専門学校を出たばかりか、在学中の入営者か、若しくは中学を卒業した連中ばかりで、皆相当な家庭の子弟であって、教養もある筈なのに、中には向こうへ征けば、当然生きては帰れないものとの覚悟から自暴自棄になって、毎晩カフェーや花柳の巷に遊んで酒にひたり、女に狂ったりして、あられもない醜態を演じている輩も多数あるそうで、弘二も、「こんな連中が第一線に出て、小なりとも一部隊の指揮官になるのだと思うと、実に心細い戦争です」と述懐し、かつ憤慨していた。

渡航を控えた長期間の待機中に、羽目をはずしてしまう者も少なからずあったらしい。「心細い戦争」という弘二の言葉は、どれほど彼が意識していたか分からないが、図らずも太平洋戦争末期の日本の実情を如実に言い表していた。

翌朝、弘二が点呼を受けて来てから、前晩と同じく二人で朝食をすませ、余は汽車の時刻に間に合うようにその宿を出た。別れ際に、弘二は宿屋の玄関先に出て、余がリュックサックを背負って駅の方へ行く後姿を見送ってくれた。振り返って「しっかりやって来いよ」と激励してやったが、「はい、大丈夫、おとうさんも元気でね」と元気良く返事したが、何となく寂しそうに見え、余も心残りで後ろ髪を引かれるような気持ちで駅の方へ急いだ。これが此の世での親子の最後の別れであった。

その後何日かたって、弘二から小包と封書が届いた。小包の中には余の好物、下関の雲丹と子供等への飴が入っていた。封書には、軍曹の服装で戦闘帽をかぶった弘二の写真と、手紙が入っていた。手紙には「雲丹はお父さんがお好きだから、知合いの人に頼んで特に売って貰ったので、最後の孝養にと思って送ります」と書いてあった。そして末尾に大きな字で「デハ元気で行って来ます」と認めてあった。

弘二は十分自己の使命を知り、窃《ひそか》に再び生きて帰らぬ立派な決心をしていたのである。

モマ〇六

しかし、父と息子の惜別の情とはまったく別の次元で、日本は大量の兵士を、すでに持久戦と称する破滅だけが運命づけられていたフィリピンへと送り続けていた。

昭和十九年（一九四四年）十月十七日、フィリピン奪還を目指す連合軍はレイテ湾に集結して、上陸作戦を開始。「I shall return」と言い残してマニラ湾のコレヒドール島から撤退したダグラス・マッカーサー大将は、二年七か月をへて、レイテ島に上陸を果たした。

一方、レイテ島決戦を期した日本海軍・陸軍は協力して、マニラからレイテ島オルモックに向けて兵士兵器と物資をピストン輸送した。ルソン島で米国軍を迎え撃つ計画だったマニラの第十四方面軍・山下奉文《ともゆき》司令官も、十二万の兵力のうち三万人の兵士をレイテ島に送り出している。しかし、制空権を持たない日本は、七百キロ程度の海上輸送の間に米国軍艦載機の攻撃にさらされ、輸送船・護衛船の全滅、あるいは丸腰の兵士だけ上陸させて武器・食糧は下せず撤退など、惨憺たるありさまだった。レイテ島の戦いでの日本兵の死者は八万人、大半は餓死と言われている。

実際に、弘二が門司から乗船した輸送船は明らかでない。しかし、「十月の下旬に門司から乗船して南方へ征った。そして翌十一月比律賓マニラに無事上陸した」ことは明らかだと貞朗は書いている。

十九年十月末に門司を出てマニラに着いた船団は、「モマ〇六」しかない。直前の「モマ〇五」は門司を十月十日に出ているので、「一カ月以上」下関で待機したという記述と合わない。「モマ〇七」は十一月十日に大牟田の三池港から出航したが、十一月十九日に高雄に到着した時点で解団となっている。

門司（モ）発、マニラ（マ）行きの「モマ〇六」船団は、十月二十二日日曜日十四時に、輸送船十一隻が海防艦三隻に守られて門司港を出航。米国軍が撒いた機雷五千発で封鎖された関門海峡を無事抜けて、玄界灘に出た。[28]

ところが、翌日には済州島の西で「月山丸」が、米潜水艦クローカーの魚雷を受け航行不能になり、もたもたしているうちに翌二十四日未明、「御影丸」が撃沈されてしまう。かろうじて浮いていた「月山丸」は、「神福丸」に曳航されて済州島に引き返した。

船団は二十七日に台湾の基隆に入港、三十日に出港して翌日に高雄に入港と進むが、ここから先は、台湾とフィリピン・ルソン島の間のバシー海峡――当時、米国軍の潜水艦によって日本の輸送船が片端から沈められていた「輸送船の墓場」である。ほんの百キロほどの距離だが、待ち伏せしている潜水艦にとってみれば面白いように撃沈できたという。ここに沈んだ日本人は少なくとも十万人というが、正式な記録すらない。

翌十月三十一日に高雄を出航した「モマ〇六」船団も攻撃を受け、十一月二日、「あとらす丸」が魚雷をみまわれ航行できなくなった。合計四隻が落伍した船団は、サブタン島とルソン島北西部サンタクルスを経由したのち、十一月九日深夜、辛くもマニラに到着。翌十日朝に入港し兵員と積み荷の揚陸を始めた。

弘二も、おそらくこの十一月十日ごろに、フィリピン・マニラに上陸したと思われる。早稲田大学から同じ年に入営した高木多嘉雄氏と柳田喜一郎氏も、前橋陸軍予備士官学校から「五百五十名の同期とともに第十四方面軍教育隊へ転属」となり、博多で船を待った後に、「十一月十一日マニラ着」という記録がある。[29] この船団によって同期の学徒兵が多く運ばれたのだろう。

彼らを運んだ船団の輸送船十一隻のうち、七隻（大徳丸、加古川丸、赤峰丸、生和丸、永和丸、神祥丸、大建丸）は無事にマニラまで任務を果たしたのだが、揚陸作業を終えた十五日、米国軍によるマニラ湾の大規模な空爆があり、神祥丸と大建丸を除く五隻は、浅い湾内に擱座する鉄くずになってしまった。そして、この時沈まなかった二隻を含め、「モマ〇六」に参加した輸送船十一隻で終戦まで浮かんでいた船は、一隻もない。

この船団には、特攻用モーターボート「㋹（マルレ）」が積載されていた。前端に爆弾を載せて敵船に突っ込むベニヤ板製の船だ。くしくも、「モマ〇六」の出航前日の十月二十一日、マニラ北方のマバラカット飛行場からレイテ海に向けて、初の飛行機による自爆攻撃隊「神風《しんぷう》特別攻撃隊」が飛び立っている。このときから終戦までの十か月、日本は、若者の命を飛行機やモーターボートや魚雷やロケットに爆弾とともに括り付けて、敵の生贄にするような戦いをひたすら続けることになるのだ。

28 『戦時輸送船団史』駒宮真七郎、出版協同社、1987年

29 ペンから剣へ――学徒出陣70年』早稲田大学大学史資料センター
https://www.waseda.jp/culture/archives/assets/uploads/2015/10/5a3d6157d70a2bd8a78545ab3637604.pdf

九．東洋の真珠

オープンシティー

三百年におよぶスペインの統治と、三十年のアメリカによる統治を受けていたフィリピン。スペインはキリスト教をもたらし、アメリカは学校教育をもたらしたと言われたりする。太平洋戦争開戦前、特に国際都市、自由貿易港として繁栄した首都マニラは、「東洋の真珠」と呼ばれた。先端のアメリカ文化を享受し、富裕層は経済的にも文化的にも高いレベルにあった。[30] 日本人も、開戦時にはフィリピン全体で約二万三千人が在住していたという。[31]

太平洋戦争の幕開けとなる真珠湾奇襲攻撃とほぼ同時に、ルソン島にある米国軍の空軍基地を日本が空爆したことはあまり知られていない。

昭和一六年（一九四一年）十二月八日月曜日、真珠湾に対する「全軍突撃」の指令が発せられたのが、午前三時十九分（日本時間）。七時間後の「午前十時二十分、日本陸軍の重爆撃機が、フィリピン・ルソン島北部のバギオ、ツゲガラオを爆撃。午後一時半には、台湾を発した零戦に護衛された海軍の陸上攻撃機の大編隊が、ルソン島中西部の米国軍航空基地の一大拠点、クラーク、イバ両飛行場を空襲、米陸軍航空兵力に壊滅的な打撃を与えた」のである。[32]

勢いに乗る日本軍は、十二月二十二日に主力をリンガエン湾に上陸させる。十二月二十六日には、日米開戦から二十日もたたずして、マッカーサー司令官はマニラを「オープンシティー」として無血開城した。マニラ湾対岸のバターン半島へ撤退し、次いでコレヒドール島に立てこもる作戦をとるも、翌年三月十二日夜、マッカーサーは「I shall return」という言葉を残してオーストラリアに脱出。五月初めには、フィリピンの米国軍は全面降伏した。

こうしてフィリピンは日本の占領地となる。

亜細亜の盟主

緒戦で手に入れた広大な占領地域内を舞台に、日本政府が圏内の自給自足の実現をめざして打ち立てたのが「大東亜共栄圏」構想である。「南方占領地行政実施要領」に示すように、石油、石炭、鉄鉱石といった重要国防資源の「急速獲得」が最重要視され、それ以外の各種物資についても増産や交易が圏内各地で図られた。特に、綿花は共栄圏内の不足が深刻であった。[33] 圏内の需要に対して生産量は四分の一ほどしかないため増産が必須とされ、中国での増産を主として、南方でもサトウキビからの転換による綿花栽培に期待が寄せられた。

そこで、紡績業界に対して、中国と南方で綿花を栽培して現地で製品化し、軍と現地住民に供給させる政策がとられた。各企業には、割り当てられた地区での綿作と繰綿が義務付けられる。フィリピンでは、貞朗の勤める大和紡績のほか鐘紡、倉敷紡績、東洋紡績など計九社が綿花栽培に取り組むことになった。

アメリカ統治時代に「マニラのウォール街」と呼ばれ、アメリカの金融機関が軒を並べていたのがエルコスタ地区である。十六世紀にスペイン人が築いた城壁都市イントラムロスから、パシッグ川を渡ったところにある。この街には、一九一四年にマニラ最初の高層ビル「ウイチャコ」ビルがアメリカ人建築家の設計で建てられたのを皮切りに、一九三二年には「クリスタル・アーケード」という冷房完備のショッピングモールもできた。[34] 他にも一九二〇年代から三〇年代にアメリカ人の設計で多数のアールデコ様式のビルが建てられ、今もその多くが現役で利用されている。

日本軍がマニラを占領したのち、このビル街に日本の商社や銀行、製造業などの多数の日本企業がマニラ支社を構えた。クリスタル・アーケードにも、日本政府の鉄道や観光関係の事務所が置かれた。[35] 各企業から社員が続々と派遣され、マニラは大東亜共栄圏の一大拠点として稼働を始めたのである。

こうして、アメリカが去ったマニラに、日本人がやってきた。

当時、マニラはまだその輝きを残していた。昭和十七年に現地入りした呉羽紡績の団長、高岡定吉氏が部員の留守宅にあて送った便りには、

こちらでは食物はほんとに豊富です。牛、豚、鶏、卵、魚、何でもふんだんにあります。左利きにはビールでも洋酒でも自由だし、コーヒー、ココア、アイスクリームも、甘党には、和洋お好み次第のお菓子がふんだんにあります。

とある。[36] 配給制に慣れた日本人の目には、驚きだっただろう。

が、それも長くは続かなかった。米国軍の猛反撃が始まり、フィリピン奪還が現実的になると、マニラにも空爆が行われるようになった。昭和十九年（一九四四年）九月二十一日には米海軍艦載機がマニラ湾に大規模空襲を開始して甚大な被害を与え、二十四日までにルソン島の主な日本軍施設が空襲に晒された。マニラの人々は、いよいよ戦争が身近に迫っているのを感じたという。[37]

重役の令息

大和紡績がエルコスタ地区のプラザセルバンテス街「ソリアノ」ビルに本部を開設したのは、昭和

十七年（一九四二年）中頃である。名高いウイチャコ・ビルの隣に建つアールデコスタイルのビルは、アメリカ帰りのフィリピン人建築家ファン・ナクピルの設計だった。

大和紡績マニラ本部から、貞朗のもとに嬉しい知らせが届いたのは、昭和一九年十一月のことである。「村野重役の令息遊びに来た」と大阪の本社に入電があったのだ。息子がともかくも無事にマニラに到着したことが確認できたのである。

直属の小隊長・星野少尉の戦後の話によると、弘二は上陸後数か月、現地での教育のためマニラに滞在していた。当時、出陣学徒が配属になった教育施設は、マニラ中心部から四キロほど北のサンラザロ競馬場、七キロほど西のサンタアナ競馬場、遠く北東三十キロのトンコンマンガなど複数あったようで、上陸後、部隊ごとに分散して収容されていた。

おそらく弘二は休日に宿営所を抜け出し、プラザセルバンテス街まで行ったのだ。下関で父子が最後に会った時には行き先はマニラと分かっていたのだから、貞朗が本部の住所を教えてあったのだろう。すでに日本人に対する現地の感情は悪化しており、外出の際は必ず二人以上で行動するように決められていたといい、[38] 弘二も仲の良い同期を誘ったのかもしれない。

でも、どうやって行ったのだろう？　路面電車か、馬車か。地図を見ながら歩いたのか。劇場や映画館の建ち並ぶリサールアベニューを見ただろうか。少しは英語を使ったのだろうか。二十一歳の弘二の海外「初」自由行動に、そのドキドキ感を想像してみたくなる。

ソリアノ・ビル（中央）と
ウイチャコ・ビル（右）（2025年撮影）

彼が訪れたソリアノ・ビルは、今も建っている。隣のウイチャコ・ビルは一部がフィルトラスト銀行として現在も使用されているが、ソリアノ・ビルは一階の軒先がその銀行の警備員の休憩所として使用されているだけで、廃墟である。現在の外観も縦線を強調したアールデコ風ではあるが、古い写真と比較すると竣工時のものとは異なり、戦後の復興の際に改装されたと思われる。

著者は二〇一六年六月に現地を訪れ、警備員に無理を言ってエントランスに入れてもらった。高い天井のホール。壁面に白と紅色の大理石を配し、正面には大きな受付カウンターがあり、右手奥のアールデコ調の丸い壁面照明の先には、二台のエレベーターの扉が見えた。

弘二が、ここにいた。ここは、彼が村野貞朗の息子、「弘二」としてのアイデンティティを持ちえた最後の空間だった。

軍事航空便はがき

その後、十一月下旬になって、弘二から神戸の家族に軍事航空便のはがきが届いた。実物は残っていないが、「比島で編入された部隊名が書いてあった」らしい。家族に出すために支給された「郵便往復はがき」だろう。これを受け取った貞朗は、「航空便による返信が許されていたので、直ちに余を初め家族一同が一枚のはがきに寄せ書きして返事を出した」と書いている。

戦地から出される「郵便往復はがき」には、表面右側に「受取人は上の返信票を切り取り通常はがきの表面上部右隅へ之を貼り、返信として郵便函へ投函すれば航空機により送達されます」と印刷されている。

九段下のしょうけい館で見た[39]一枚は、昭和十九年十月二十二日にスマトラ島から出されたもので、右上が三角に切り取られていた。このご家族も、村野家の人々と同じように、無事に戦地に届くよう祈りながら返信のはがきをしたためたのだろうと想像される。「それがこちらからの最後の通信であった。本人と家族との会わぬ決別であった」。

ただ、貞朗にとって「一つきわめて遺憾なことは」、

その大切なはがきをいつも居室の床の違い棚に飾って、陰膳を供えていた彼の写真（音楽学校の制服を着た七分身像と、門司で乗船する直前に撮った軍服姿の半身像）と共に、余は大切に貴重品

袋の中に入れて、夜は枕元に置いて空襲警報が鳴れば必ず身につけて防空壕に持ち込んでいたものだが、幾度か幾十度か、度重なる内に貴重品の出し入れに紛れて取り落としたものか、あるいは余り大事にしすぎて、さらに何かの中へ仕舞い込んだものか、いつの間にか気のつかない内に紛失してしまったことである。

門司で撮ったという写真も、残されていない。

30 「野球にネオン街…戦前のフィリピンに住む邦人の映像発見」朝日新聞デジタル、２０１８年10月17日
31 『戦史叢書 捷号陸軍作戦〈2〉ルソン決戦』防衛庁防衛研究所 戦史室編、昭和47年11月25日
32 現代ビジネス https://gendai.ismedia.jp/articles/-/68986
33 『大東亜共栄圏』安達宏昭、中公新書、２０２２年7月25日
34 公益財団法人ハイライフ研究所 日本アジア共同研究プロジェクト 取材レポート「アジアの都市ライフスタイル新潮流」Carlos Luis L. Santos
35 http://arquitecturamanila.blogspot.com/2015/04/crystal-arcade.html
36 『新聞記者が語りつぐ戦争（３）比島棉作部隊』読売新聞大阪本社、平成３年11月31日
37 『新聞記者が語りつぐ戦争（３）比島棉作部隊』読売新聞大阪本社、平成３年11月31日
38 『戦没学生 従軍日記――ルソンに消ゆ』神崎陽、鵬和出版、昭和58年12月10日
39 ２０２１年４月３日訪館。

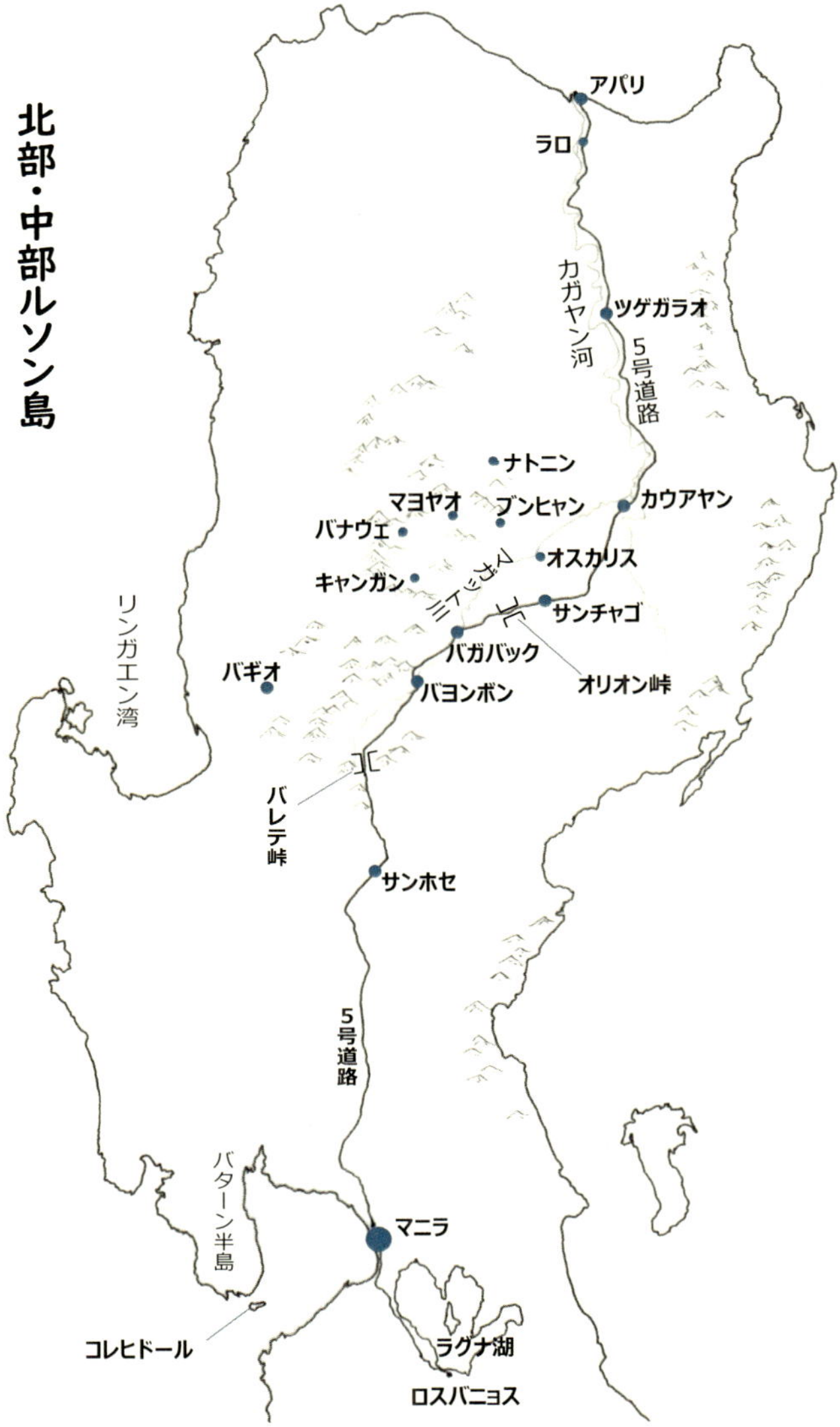
北部・中部ルソン島
アパリ
ラロ
カガヤン河
ツゲガラオ
5号道路
ナトニン
マヨヤオ
ブンヒヤン
カウアヤン
バナウェ
オスカリス
キャンガン
マガット川
サンチャゴ
バガバック
オリオン峠
バギオ
バヨンボン
リンガエン湾
バレテ峠
サンホセ
5号道路
バターン半島
マニラ
コレヒドール
ラグナ湖
ロスバニョス

十．駿兵団

弘二君は、昭和十九年末か二十年初めの頃と思いますが、比島北部ルソン カガヤン州ラロ（アパリ南方十五粁）東方山中において陣地構築中に、私の部隊に編入になったものであります。

ルソン決戦

フィリピンの日本軍全体を指揮していたのは、「マレーの虎」こと山下奉文大将を司令官とする第十四方面軍である。昭和十九年（一九四四年）十月、ルソン島決戦を企図していた山下司令官の反対にもかかわらず、東京の大本営はレイテ島決戦を決断し、ルソン島の兵力の約三分の一がレイテ島に投入された。ルソン島からレイテ島への兵士・兵器の輸送自体、困難を極めたと言われる。しかし、この闘いは、台湾沖海戦の戦果を鵜呑みにし、米海軍の兵力を読み違えた日本軍の大敗に終わる。

レイテ島が敵の手に落ちることが明白になった十二月中頃の時点で、日本軍は米国軍の「ルソン来攻は十二月下旬から一月上旬」と予想していた。すでに九月からマニラへの空爆が本格的になっており、司令部は持久戦に備えて、軍需品をマニラから北部の山岳地帯に移動しつつあった。

十二月二十日付けの「北部呂宋《るそん》地区作戦指導要綱」には、その「方針」として、「広く北部呂宋の要域を確保し、自活自戦、永久抗戦の体制を整えつつ、敵軍主力を牽制し、その戦力の減耗を策す。この間、好機を捕捉し、主力を以て果敢なる攻撃を決行し、敵戦力の撃破を努む」とある。つまり、補給や援軍は期待せず、できるかぎり抵抗して少しでも相手の戦力を消耗させ、時期が来れば勇敢に突っ込めということだ。これが米国軍がルソン島に上陸する直前時点での方面軍の方針。当初から「決戦」ではなく「持久戦」が運命づけられていたのである。

ただし、『戦史叢書』によれば、十二月十六日時点でフィリピンの日本軍が保有していた飛べる飛行機は、陸軍が二十五機、海軍が三十機だったというから、その絶望的劣勢に驚く。

第百三師団@アパリ

そんなルソン島に送り込まれた弘二ら学徒出身者は、マニラでの教育期間を終えると、ルソン島各地の師団に配属された。弘二が配属されたのは、ルソン島の最北端アパリにあった第百三師団の通信隊だった。

当時、ルソン島には、七つの師団と数個の旅団、多数の部隊が配置されていた。「師団」というのは平時の定員が一万五千人、戦時は二万を超すこともある組織で、それ自体に歩兵大隊、通信隊、砲兵隊、工兵隊、輜重隊、野戦病院、防疫給水部などが属している。各師団に漢字一文字（まれに二文字）の通称がつけられていて、第百三師団は「駿兵団」と呼ばれた。

番号が三桁の師団は、多くが戦争末期になって再編成されてできた師団である。第百三師団も昭和十九年七月に熊本の独立混成第三十二旅団が改編されてできた師団で、村岡豊中将（陸士二十四期）が師団長として指揮を執った。

駿兵団の任務は、ルソン島北部から上陸する米国軍を阻止することだった。方面軍は、「敵がアパリを占領して、台湾との分断を図る」可能性があると考えていた。また、アパリ上陸、またはカガヤン平野へのパラシュート部隊降下によって、日本軍が南北から挟み撃ちにされることも警戒しており、実際に翌年一月に米国軍がルソン島に上陸した後も、師団の主力はこの北端に留め置かれた。

駿兵団は当初、アパリ東部の海岸に陣地を構築していたが、敵が上陸し終えたところを叩くという意図で、海岸線のアパリからカガヤン河沿いに十五キロほど内陸に入ったラロの高台に、師団本部を後退させた。ところが、米国軍が上陸に際して艦砲射撃によって沿岸の陣地を徹底破壊することを日本軍はすでに玉砕した各地で経験しており、バシー海峡が見渡せるこの丘陵陣地も危ないというので、さらに山奥に手掘りの洞窟の陣地を構築中だった。

マニラからアパリまでは、直線で四百キロ、国道では六百キロ近くある。すでに空は米国軍のものとなり、上空の偵察機から車両が発見されれば、即、爆撃されるような状況である。

「任地アパリ」を言い渡された弘二は、どうやって任地まで移動したのだろうか。

同時期にリンガエン湾のサンフェルナンドに置かれた部隊に配属になった川嶋恒男氏が、任地まで移動した様子をこう証言している。「昭和十九年十二月五日、マニラ駅から超旧式の砂糖蔗運搬列車を利用。約八時間を要した。上空を敵機が何度も通過したが無事到着」[40]。

マニラから北へ向かう鉄道は、川嶋氏が乗ったサンフェルナンドを終着とする北方線に、途中、タルラックから分かれてサンホセ行きの支線があった。昭和十九年末には、司令部を北部山中の拠点に移す大移動のために、一日四列車程度を運行して軍需資材が輸送され、サンホセで集積されていた。また、車両での兵站輸送も大々的に行われていて、マニラから脱出しようとする民間の日本人が軍用トラックに便乗させてもらったという記述がある。[41]

旧サンホセ駅舎（2016 年撮影）

一方、第百三師団の砲兵隊少尉だった山本七平氏は、昭和十九年九月末にバギオの方面軍司令部からツゲガラオの先イギグまで、「師団の連絡車のトラック」で移動している。鉄道の終点サンホセの「連絡所で昼食をとり、バレテ峠を越え、夜はヌエバビスカヤ州の首都バヨンボンの兵站宿舎で一泊し、翌日オリオン峠を越え、イラガン州、カガヤン州を走り抜けて終点のアパリまで行くのが、連絡車による普通の行程であった」と書いている。[42]

以上から察すると、弘二もサンホセまでは貨車または兵站トラックで行き、そこから先の峠越えの四百キロは連絡用車両などに便乗して、任地に向かった可能性がある。

サンホセの駅舎は、当時の姿を今に残している。すでに廃線になった停車場はすぐわきまで民家に取り囲まれているが、鉄筋コンクリート造りの外壁に丸石をはめ込んだ、おしゃれな駅舎。錆付いた線路と台車。屋根を失っていても、当時の賑わいは想像できる。だが、弘二が降り立ってからおよそ半月後の昭和二十年一月十三日、サンホセに大爆撃があり、停車場付近に大損害が出た。一月十五日には重要な鉄道橋梁が破壊され、二月一日をもって南北交通は完全に分断されてしまう。

弘二は辛くもその前に、サンホセまでたどり着いたわけだ。

バレテ峠

車でサンホセの街を出て北に向かうと、国道は長い長い上り坂になる。一本道はうねうねとカーブを重ね、荷物を満載したトラックが黒い排気を吹きながら一列になって上がっていく様子が見られる。今も物流の動脈だ。対向車線をマニラへ南下していくトラックには、荷台の木枠がかしぐほど米の袋がうず高く積まれている。この坂道を上がり切ったバレテ峠の北、カガヤン河に沿って海まで続く広大な平野は、米の大産地なのだ。戦時中も、日本軍はこの穀倉地帯から司令部のある山中に食糧を運搬することを重視していた。

五十キロ近くも続くバレテの峠道は、米国軍がマニラ鎮圧後、北部に移動した山下司令部を追って

北上した昭和二十年三月から、激烈な戦闘の場所となった。日本軍は峠の両側の山肌に陣地を確保し、上がってくる米国軍を迎撃した。枝から気根を多数垂らすバレテの巨木が生えていたから「バレテ峠」と呼んだはずなのに、一帯は両軍の激しい砲弾により山の形が変わるほど破壊しつくされたという。そして、この戦闘で米国軍のダルトン副師団長が戦死したため、今も現地の人はこの峠を「ダルトン・パス」と呼んでいる。

弘二はその激戦の二か月ほど前にこの峠を越えて、カガヤン平原を北上した。

師団に着任した時のことを、直属の上官の星野実少尉は、この項の冒頭に引用したように、「昭和十九年末か二十年初めの頃」に「陣地構築中」の部隊に編入されたことを、戦後、貞朗に書面で報告している。

米国軍のルソン島上陸

終戦の年、昭和二十年（一九四五年）が明けて早々の一月四日、米国軍はリンガエン湾とマニラ湾の間のあらゆる橋を集中的に空爆した。これにより、米国軍はリンガエン湾に上陸する意図があることが日本軍にも明らかになる。[43]

翌々日の一月六日には、リンガエン湾に侵入した米戦艦による艦砲射撃が開始される。まず射撃区域の左右両側に目標となる発煙弾を撃ち込み、続いてその間の領域を最低三十分間爆撃し続けるというもので、二平方メートル内に約三発の割合という激しさ。これが、三か月後に沖縄でも繰り返されることになるアメリカの上陸作戦である。

一月九日火曜日、朝七時二十分、とうとう米国軍は上陸を開始した。翌朝に日本軍が目視できたリンガエン湾の米船舶は、五百トン以上が約二百隻、五百トン以下が百隻という。翌十日になって、大本営は国内向けに敵上陸を発表した。

米国軍の上陸からマニラ陥落まで、貞朗ら家族が読んでいた新聞[44]の見出しは、こうだ。

一月四日　「備えあり ルソン島上陸」「全島今や鉄の島――我が精鋭 神機を待つ」
七日　「ルソン島西方に敵船団 有力機動部隊が掩護 上陸の企図愈々明らか」
八日　「ルソン島大決戦の火蓋切る 敵リンガエン湾に進入 艦砲射撃」
「我が峻烈の猛迎撃に上陸できず たじたじ」
十日　「敵後続船団も参加 リ湾岸艦砲撃続行」「出撃の我が全機体当り」
十一日　「敵 ついにルソン島上陸開始」
「空陸呼応 邀撃激戦中」「敵艦 次々に血祭 上陸兵もバタバタ倒る」
「潮の如き戦車群 爆雷抱き体当り粉砕」
十二日　「リ湾岸に一大地上決戦迫る」「敵 辛うじて橋頭保設定」
「湾内の艦船三百隻」「果然、凄惨の死闘――　敵 我突角陣につく」
十三日　「上陸の敵 三個師団 戦車主に若干前進」「敵さらに一、二個師増強態勢」

しかし、十五日のトップニュースは、聖地・伊勢神宮への空爆である。米国軍のルソン島上陸以来、初めてルソン情勢が一面ニュースでなくなった。これ以降、掲載されない日も出てくる。

十六日　「陸海空にルソン決戦激化」「挺進斬込みで猛攻」
十九日　「マニラ街道目指し敵ブエド河へ主力」
二十日　「凄愴 浸出阻む 山下戦法――連日連夜の特攻斬込み」
二十八日「リ湾岸橋木 我第一線陣地侵入」「南下敵タルラックへ迫る」
　　　　「米国軍 地歩を拡大南下 クラーク空港へ五哩」
　　　　「邦人悉く特攻隊 祖国を双肩に決然起つ」
二十九日「皇軍主力 依然沈黙」「米 あれやこれやビクビク」
三十日　「ルソン平原に機甲決戦 敵バムバンに侵出」
二月二日「ルソンの敵 強引に南下　サンフェルナンド侵入 マニラ十七里に迫る」
　　　　「皇軍猛迎撃 斬込みで逆包囲」
四日　　「敵三方よりマニラを窺う」「南下部隊 我が痛撃に足踏み 全市の武装完了」
六日　　「ルソン 大出血戦の好機」「厳然 わが迎撃布陣」
七日　　「敵 マニラ一角に侵入 空挺団も北郊に降下」
　　　　「長期出血の泥沼へ」「皇軍 山岳地帯に縦深陣」

この日になって、新聞は日本軍の司令部が山岳地帯に移動したことを初めて報じた。「ルソン平原を敵に許しても、我は攻め難い山岳地帯に大拠点を確保。食糧、弾薬など十分に準備されたこの堅固な縦深陣地に拠って持久出血作戦をとること、すなわち、長期にわたって敵を消耗の泥沼に引きずり込む」ことに、戦略態勢を切り替えることが「早くより判断されていた」というのである。今更の感がある。山下大将以下司令部は、すでに十九年年末にマニラを出ていた。

八日　「凄絶 マニラ市街戦展開」「我が精鋭 断固抗戦 一戸を争う激闘」
　　　「狂敵 放火 破壊の暴挙」
九日　「猛火の中、マニラ市街戦続く」「惨禍の責は米に」「我 重要施設 既に移動」
十日　「敵はわが腹中に入った」（山下大将談）「頭上蔽う敵機下、忍苦の大出血戦」
　　　「最繁華街 灰燼に帰す」
十一日　「敵損 三万を突破」「ルソン出血戦着々」
十四日　「断乎 戦うマニラ」「壮烈の砲撃と斬込み」
十五日　「ルソン全戦線 大変化なし」「敵マニラ湾口掃海開始」

二月十七日のトップ記事は、「敵有力機動部隊、本土間近に現出」であり、この日から注目は硫黄島の攻防に移る。フィリピン情勢は記載のない日が増える。

三月一日　「敵 マニラ旧城内突入――城壁の銃眼焼く焼夷戦術」

九日　「ルソンの華　『斬込隊』——斬込みに勝利確信 飛機少なきを嘆くものなし」

毎日のように記事に現れる「斬込み」とは、夜の闇に紛れて銃剣を構えた兵士が米国軍の陣地に突撃して、手榴弾などでダメージを与える攻撃のこと。生きて戻ることを前提としない。ルソン島のどこにいるかも分からない息子を思いながら毎朝の新聞を広げる家族には、まったく想像もつかない残酷さだ。

おまけに、米国軍が硫黄島上陸、本土空爆と迫り来るにつれて、フィリピンに関する記事はますます少なくなっていく。やがて、「会社の公用通信さえも杜絶」したと貞朗は記している。

マニラで起きていたこと

北部バギオに移った司令部を追って、日本の傀儡政権であったフィリピン政府もマニラを捨てて北上した。そして、マニラ在住の日本人市民に対しても、マニラから脱出し、バレテ峠の北、ソラノに向け疎開するよう指示が出た。男性はすでにほとんど徴兵・徴用にとられていたため、残された女性と子どもと老人たちが長い列になり、昼間の米国軍の空爆が止んだ後、「子どもの手を引いて、ノロノロと夕暮れのバレテ峠を登っていく」姿が目撃されている。この避難民となった日本人たちのその後の運命は、とても、とても悲惨である。

マッカーサー司令官は、「上陸四週間以内にマニラ攻略は可能」と考えていたというが、日本軍の抵抗にあって、実際にマニラ北部に進攻したのは二月三日になった。だが、日本側にとってこの米国軍の進攻は驚きだったようで、マニラ陸軍部隊本部の北約一キロにあった極東大学の陣地からの「約十五両の敵戦車（後方にトラック七、八十両を随伴す）の攻撃を受け、防戦中」との連絡が第一報だった。この日の夕方には、日本軍が捕虜収容所に使っていたサントーマス大学とマラカニアン宮殿は、米国軍に奪取された。

三年前、米国軍が撤退するときに無血開城されたマニラは、ここから一か月にわたる地獄に突き落とされる。軍の活動や運需品搬出の妨げにならないようにと、日本軍は日本人以外のマニラ市民に日常生活を続けるように指導しており、この時点でまだ約七十万人の市民が市内にとどまっていた。山下司令官は「マニラを戦火にさらさず」という方針を持っており、マニラで凱旋パレードをやりたかったマッカーサー司令官も当初は破壊を禁じたと言われる。しかし、堅牢な建物に立てこもる日本軍を相手にして、新警察署ビル一棟に八日間で十三万六千四百七発の砲弾を撃ち込んだという記録があるように、結局、米国軍は徹底的な破壊を実施した。結果的に、日米両軍ともマニラ市民を巻き添えにしたのである。

特に二月十七日の米国軍の徹底的無差別攻撃はすさまじく、イントラムロスにあるサンオーグスチン教会とデルモニコ教会は、鐘楼の鐘を打ち鳴らし続けたという。これら二つの教会の地下からは、隠れていた市民約三千人が戦闘終結後、米国軍によって救出された。

追い詰められた日本軍側でも、十七日に全マニラ部隊の撤退が発令されたものの、すでに米国軍に包囲されて脱出は難しく、二十一日にはマニラホテルに収容されていた傷病兵が全員服毒して自決。応戦する各部隊は、個々の建物に土嚢や軍需品を運び入れて、それぞれの墓場と決めて立てこもった。マニラでの徹底抗戦を主張したと言われるマニラ海軍防衛隊の司令官岩淵少将は、二十四日、「全員、士気きわめて旺盛。最後の一兵まで肉弾をもって敢闘せん」と言い残して無線機を爆破し、二十六日に自決している。

イントラムロスにあるメモラーレ・マニラは、
マニラ市街戦の惨事を悼む記念碑

この市街戦で、マニラ市民は日本軍と米国軍の両方から蹂躙される存在だった。特に市民とともに米国軍を迎え撃つことになった日本兵は、市民が米国軍に同調することを恐れるあまり、組織的な殺戮を行った。たとえば、スペイン時代の要塞フォートサンチャゴの地下牢にフィリピン人数百人を監禁し、そのまま見殺しにした。加えて、女性に対する集団での強姦や幼児への残虐行為も、多数、きわめて多数、報告されている。マニラには英語による高い教育を受けた人も多く、またスペイン、ドイツなど欧州出身の外国人居住者もいて、その証言の信憑性は高い。[45]

マニラ民間人の死者は約十万人にのぼる。日本軍の虐殺によるものが六割、米国軍の無差別砲撃によるものが四割という説もある。マニラ市街の建物の八割以上が瓦礫になった。

マニラ戦の「終結」が宣言されたのは、三月三日のことである。

40 『川嶋恒男 戦争体験記』ロゴ有限会社 https://www.rogo.jp/k-tuneo/k-tune-hist.html
41 『新聞記者が語りつぐ戦争〈3〉比島棉作部隊』読売新聞大阪本社、平成3年11月31日
42 『一下級将校の見た帝国陸軍』山本七平、文春文庫
43 『戦史叢書 捷号陸軍作戦〈2〉ルソン決戦』防衛庁防衛研究所 戦史室編、昭和47年11月25日
44 毎日新聞（大阪）
45 マニラ市街戦――その真実と記憶――（Ｗｅｂ版）中野聡 nakanosatoshi.com/2016/01/26/

十一・暴れ川

峠の手前なるサンチャゴ原に一か月余りを費やして到着し、ここで通信任務に就く。この地到着までに、焼夷弾により中隊長・寺本少尉、松尾准尉等を亡う。この頃より村野見習士官は、通信隊本部付となりて行動す。

戦車撃滅隊

山下大将は、昭和十九年（一九四四年）末にマニラを撤退して、五十キロ郊外のイポに移動、翌年一月三日には北部山岳部のバギオに到着した。直後の米国軍上陸の後もしばらくバギオを司令本部としたが、四月になってバギオにも米国軍が迫り、ルソン島最高峰プログ山に続く尾根を東へ越えてバンバンに移動。さらに一か月ほど後に山深いキアンガンに北上した。周囲にどれほどの犠牲が出ようと、降伏しないためだけに逃げ回る最高責任者。一方、マニラを制圧した米国軍は、猛然と北上する。

ルソン島で最悪と言われるバレテ峠の血みどろの激戦は、昭和二十年（一九四五年）三月から六月頭まで二か月ほど続いた。

峠それ自体が米国軍に奪取されたのは、五月九日のことである。「米国軍は雪崩のごとく峠を越し、夜間真っ暗だった峠道（五号国道）を煌々と自動車のライトで照らしながら走り、また峠の頂上は発電機で明々と輝かせていました」と、峠を守備していた鉄兵団の笹倉宏夫氏は書いている。[46]

それでも、峠から先、司令部のあるバンバン、キャンガンへの入り口となるバガバッグ盆地に入らせないために、また、多数の命が注ぎ込まれた。

「敵は砲撃をもって我が将兵が顔を上げることができないようにしておいて、まず、戦車を進めてくる。その戦車が通ったあとに道路を急設する。この道路を利用して砲兵が進出してき、また自動貨車が兵員、兵器、資材を満載してくる」[47]。これを阻止するためには、道路作業に先立つ戦車を叩く必要があると日本軍は考えた。そこで結成されたのが「戦車撃滅隊」だ。

六月一日、バレテ峠を下って国道が盆地に入るボネあたりで米国軍の第一波を待ち受け、「特別攻撃」を行った。つまり、道端に掘ったタコ壺に身を潜めて待ち、戦車が近づいたら爆雷を抱いてキャタピラの下に身を投げ出す肉弾攻撃を行うのだ。これで米国軍の侵攻を一日あるいは三日遅らせたと言われているが、ほとんどは、戦車に近づく前に撃たれて死ぬか、作戦を察した米国軍のガソリン弾で焼かれて死んだ[48]。

実は、この戦車撃滅隊は、弘二と同時期に学徒出陣した教育隊の見習士官を中心に編成されていた。未来ある大学生を使った「特攻」は空でも、海でも、そして路上でも行われたことを忘れてはならないと思う。

地獄の大移動

一方、ラロに陣どった駿兵団には、米国軍上陸後も「創意工夫、大兵力がますます増強されつつあるように陽動し、他面、いよいよ陣地強化に努め」る、つまりに大軍であるかのように偽装しつつの「穴掘り」が指示されていた。

しかし、マニラ陥落から二か月近く、四月下旬になって、山下司令官はようやく駿兵団の転用を決断した。近日中のバレテ峠防衛の崩壊が危惧され援軍が必要になっただけでなく、四月一日に沖縄に上陸した米国軍がすでに島内の飛行場を運用しており、ルソン島北端に兵力を温存しておく意味がなくなったためでもある。

この命令を伝達するため、四月二十五日、山下司令官は駿兵団に電報を出し、岡本参謀長を当時バンバンにあった方面軍司令部に出頭させた。岡本大佐はすぐに出発したが、敵機は常時偵察しているし、ゲリラ攻撃は頻発するし、橋梁は破壊されているしで、到着はいつになるとも知れなかった。そこで、四月二十七日、「駿司令部は六月初頭、サンチャゴに移れ」という電報が駿兵団に発せられた。方面軍司令部の計画では、駿兵団が南下してオリオン峠に詰め、勤兵団（第百五師団）がキアンガンへの道をふさげば、バレテ峠を突破してきた米国軍をバガバッグの三差路で袋のネズミにできると考えたのである。六月下旬までにこの体制を整えることを想定していた。

電報を受け、師団一万数千人が、これまで構築してきた陣地を捨てて大移動することになった。

さっそく、四月三十日、先発の急進部隊がラロを出発。続いて、五月八日に一瀬大隊（二個中隊）が出発した。ところが、一瀬大隊は翌日、「泥中をよろけつつ」歩いてくる岡本参謀長と遭遇する。岡本大佐は、サンチャゴへの進出を命じる山下司令官の重大命令を伝えるために、バンバンの司令部からラロへと向かって懸命に歩いていたのだが、すでに無線で受信した南下命令に沿って師団は動いていたのだ。大佐には申し訳ないが滑稽である。

ラロからサンチャゴまで、カガヤン河に絡みながら付かず離れず続く「五号道路」は約二百四十キロ。ルソン島は五月から十月が雨季だ。当時の舗装のない道路は延々と続く泥沼になっていた。また、カガヤン河にそそぐ支流を何度も渡らなければならないが、流れは茶色く濁った激流と化し、主な橋はすでに空爆で落とされてしまっている。「工兵の手で迂回路と水中橋がつくられているが、ツルツルすべる赤土の迂回路の急坂を下り、水面下でしかも車輪の幅の二条の厚板に過ぎない水中橋をわたり、さらに反対側のツルツルの急坂をのぼる」[49]ことになる。そこを通信機やら大砲やら糧秣やら、陣地の持てる限りの軍需品を運搬して移動するのだ。もちろん、昼間は動けない。米国軍の偵察機に見つかったら、すぐに攻撃機がやってくる。武装したフィリピン人ゲリラは神出鬼没。油を節約するために古タイヤなどを燃やして松明にして夜行軍で進むという、非常に困難な進軍だった。

　駿兵団の砲兵隊にいた山本七平氏は、「荷物を持たない米兵・フィリピン兵捕虜を一日二十キロ、五日間歩かせたバターンが〝死の行進〟なら、一人あたり三十キロの装備を背負った駿兵団三百キロは〝地獄の行進〟であり、その上、三百トンの砲車と前車を〝船曳き人夫〟のように曳いて三百キロ転進するのは一体なんと言えばよいのだ」と書いている。「地獄の行進に耐え抜いて現地に到着したとて、〝無力〟ではないか」。それが真相だろう。

このありさまだから、先発したはずの戦車隊や砲兵隊もすっかり遅れていた。村岡師団長は五月十六日に自動車でラロを出発したが、二十一日には半月前に出たはずの先発隊を追い越したという。駿師団は各隊の進軍のスピードによって、国道上を百キロの長い縦列にばらけてしまっていたのだった。駿師団長を含め先頭の一団が約二十日かかって目的地のサンチャゴに入ったのは、六月六日。そこで、「六月二十日までにオリオン峠を固めるように」という、方面軍司令部からの電令を受ける。

ところが、バレテ峠を越えた米国軍の北上は、山下司令官の予想をはるかに上回る怒涛の勢いだった。戦車撃滅隊を易々と突破し、六月六日には、バガバッグの南三十キロのバンバンで、「目視した敵の自動車、一〇〇〇両」が報告されている。六月九日には、袋のネズミにするはずの現地バガバッグが占領された。そこはもうオリオン峠の登り口。

そうとも知らぬ、いや、むしろオリオン峠には勤兵団の部隊がいるものと信じていた駿兵団は、一部（一瀬大隊、山下大隊、鉄砲隊など）が六月九日から十日に峠に到着する。

翌十一日午後三時、村岡師団長と山志田泰隊長がトラックでサンチャゴを出発し、十キロほど行ったコルドンを過ぎたあたりで、頭上に敵の砲弾が飛んできた。驚いた師団長らは車を降りて日が暮れるのを待ってから、オリオン峠に到着。先に来ていた一瀬大隊長から「夜に入っても敵の砲撃が熾烈で、部下の中隊長と連絡もとれない」と報告を受ける。オリオン峠はすでに敵攻撃の真正面になっていたのだ。

師団長は「一瀬大隊は西の峠、山下大隊は東の峠を死守し、後続部隊の到着を待て」との旨の命令を出した。この時の兵力は、西の峠に二個中隊、東の峠に鉄砲隊の半分（一個中隊）、後方のコルドンに迫撃砲の一個中隊、サンチャゴに一個中隊と鉄砲隊の残り半分が進行中というものだった。一万の兵士と軍備は、まだはるか後方。

窮地に立たされた師団長からの要請を受け、「カウアヤン平地所在の全兵力を駿兵団長の指揮下に入れる」命令が、十三日に方面軍司令部から下された。が、いまさら間に合うはずもない。この日、一瀬大隊長が戦死した。東の峠の山下大隊長は、十五日まで峠の一角を死守していたという。

オリオン峠の戦いに参戦した日本軍は、ざっと千百人。戦死五百人。生死不明四百人。戦病死二百人と記録されている。つまり、全滅である。

オリオン峠近くに建立された一瀬部隊の慰霊碑

このころ、駿兵団の最後尾は、まだラロからの行程の半分ほどのところにいた。

だから、オリオン峠近くに建立されている駿兵団の慰霊塔は、一瀬大隊の関係者だけによる慰霊塔である。大隊の四中隊のうち参戦したのは二中隊のみ。大砲など他のほとんどは目的地に到達できなかった。

その後、サンチャゴも越えて猪突北上する米国軍に、後に続くそれぞれの部隊が順次遭遇して、それぞれが鎧袖一触、敗れていった。

村野見習士官

弘二の所属する通信隊 星野小隊がラロを出発したのは、一瀬大隊により一日遅い五月九日である。ここからは、弘二と同じ隊にいて弘二の最期を見届けた軍曹・小林正香氏が、戦後、詳しく様子を貞朗に書き送った手紙を引用しながら、弘二の行動を追う。

項の冒頭に引用したとおり、星野小隊が苦難を重ねてサンチャゴに到着したのは、一か月後の六月十日以降である。道中の空爆で通信隊にも戦死者が出た。そして、弘二は星野小隊所属ではなく、通信隊本部直属になったらしい。

六月十三日の夜、サンチャゴではオリオン峠方面からの砲声が、一晩中続いていたという。明けて十四日、「サンチャゴは（米国軍）戦車の爆進する所となり、（…）戦線は混乱せり」と小林氏は書いている。とうとう弘二の目の前にも、本当の戦場がやってきたのだ。

が、この日の正午、駿司令部は、山中にある方面軍司令部との合流をめざして北方のオスカリスに向って移動する決定を下し、夜を待って、二梯団に分かれてサンチャゴから脱出する。要は、弘二がサンチャゴに到着した三、四日後には、師団本体が敗走を始めたということである。小林氏はこう書く。

残余の部隊は同夜、師団長以下司令部と共に、今なお激戦中のキアンガンの方面軍司令部と合すべく転進し、重畳たる山岳地帯に入る。
時に通信隊の兵力は、部隊長以下百余名でした。この頃は、村野見習士官は一行の中でも元気でした。

ここから、第百三師団の記録と弘二の行程は、ほぼ重なっている。
まずオスカリスに向かった師団は、六月二十日時点で、カガヤン河の支流、マガット川の南岸に約千人が再集合した。このとき配布された糧秣は、わずか一人平均三合という記録がある。[50]
村岡師団長は手記[51]で、

オリオン峠付近の諸隊をタリクテック南方マガット川畔に集結し、架橋を開始す。
同河は幅約六十メートル、水深深く、かなりの急流であった。架橋の任務に服しつつあった独立歩兵第百七十五大隊は、所在の立ち木、葛などを利用し、奇跡的に約十日後、吊り橋ができあがっ

た。

この間、各隊は遠方の部落より集めえた幾分の糧食を携行して、三々五々吊り橋を渡り、対岸山岳州に入る。

と書いているが、小林氏の回想によると、

山中を走るマガット川を横断すべく、七月三日、その河畔に到達す。連日の豪雨に河の流速を増し、架橋せしも一部渡したのみにて流失し、河畔にとどまるを余儀なくせらる。この河畔において、マラリアと飢餓にたおれた戦友は、三分の一でした。

つまり、師団長を含む「一部」は立ち木と葛の吊り橋を渡ったが、それが流されてしまった後に河畔に残された兵士は、三分の一がマラリアと飢餓で死んだのである。この架橋地点には、駿兵団だけでなく、米国軍の猛攻か

弘二らが渡河した付近にあるマリスダム。
この上流にさらに大きなマガットダムがある。

ら逃れてきた翼師団（第四飛行師団）や海軍の一部、民間人も集まっていた。

その後、小林軍曹と弘二を含む一団は、

> 七月十五日、竹筏にて急行横断す。このときは見習士官はまだ相当に元気でした。この時より無線は本部に別れました。見習士官は本部と行動す。

河畔到着から十二日もたって、ようやく渡河に成功したのだ。このときは「まだ相当に元気」だった弘二は、もしかすると、二本の竹筒に入れた煎り大豆をひそかにポリポリかじっていたのかもしれない。

後半は意味が分かりにくいが、マガット川を渡る際に、無線部隊は通信隊本部と別れたという意味で、「通信隊本部付き」となっていた弘二は、小林軍曹が所属していた無線部隊とは別行動になったものと思われる。

日本人数万人が壮大な犠牲を出しながら渡ったマガット川には、一九八二年、フィリピン国内最大の巨大なマガットダムが完成。洪水の防止、灌漑、発電に利用されている。暴れ川は制圧された。広大なダム湖の水面はすこーんと晴れた青空の下で静かである。

46 『平和の礎――軍人軍属短期在職者が語り継ぐ労苦（兵士編）第8巻』「死闘の鉄」平和記念展示資料館ホームページ　https://www.heiwakinen.go.jp/wp-ontent/uploads/archive/library/roukunote/onketsu/08/O_08_167_1.pdf

47 『戦史叢書　捷号陸軍作戦〈2〉ルソン決戦』防衛庁防衛研究所　戦史室編、昭和47年11月25日

48 『ルソン戦――死の谷』阿利莫二、１９８７年6月22日、岩波新書

49 『一下級将校の見た帝国陸軍』山本七平、文春文庫

50 『戦史叢書　捷号陸軍作戦〈2〉ルソン決戦』防衛庁防衛研究所　戦史室編、昭和47年11月25日

51 『第百讃師団長　村岡豊中将手記　其一、其二』昭和三十七年三月十六日稿

十二．少尉の襟章

翌二十一日未明、四時頃でしたろうか。一発の銃声に目覚め、「自決らしい」というので附近を捜しましたところ、小屋より約十米はなれた草むらに、村野見習士官を発見しました。弾は喉部を貫いておりました。服は今まで来ていた服でなく、持参していた将校服（新しい服でした）に着替えておりました。戦友達と共に、見習士官が持参していた少尉の襟章を見習士官の襟につけて、埋葬いたしました。

マヨヤヨ襲撃

ルソン島北部の山は、険しく深い。

一帯は、今、スペイン語で「山脈」を意味する「コルディィリェラ」と呼ばれている。青黒いピラミッドをつなげたような尖った尾根が、濃淡を変えながら視界のかなたまで幾重にも連なる。カガヤン河が作った広い広い平原を見慣れた目には、まさに「山に入る」という表現がぴったりする。

日本の兵士らが命がけで渡ったマガット川は、コルディィリェラの東端を流れる。バレテ峠に源を発して、山からの支流を受け入れながら蛇行して北東に流れ、サンチャゴの先でカガヤン河に合流する。

対岸は、イフガオ州。戦後まで北のマウンテン州、西のベンケット州などと合わせてマウンテン州と呼ばれていた。山岳先住民族のイフガオ族が暮らしている地域だ。

イフガオ族は米作を主とするが、平地がほとんどないために、開けた山肌に棚田を作って耕作し、集落を作っている。バナウエやマヨヤオの緻密な等高線を描いて山肌に何十段も連なる棚田は、世界遺産にもなっている。

飢餓で死者がでるような状態で山に入った駿兵団は西進し、イフガオ族の集落としては大規模なマヨヤオ、その先のバナウエを突破して、キャンガンに移った方面軍司令部と合流することをめざした。

ただし、小林軍曹は「食糧欠乏のため山岳州の最高峰マイヨー（著者注：マヨヤオのこと）の町を占領」することが、進軍の目的であったと記している。地図を持ちキャンガンまでの最短ルートの突破を企図した師団司令部と、食べて生きることだけが必須となった末端の兵士との立場の違いの表れだろうか。

日本軍は奇襲攻撃をしかけてくるフィリピン人を「ゲリラ」と呼んだが、食糧めあてに集落を襲撃するなら、日本兵こそが「ゲリラ」に身を落としていたと言ってよい。

駿兵団は、道中の食べられるものを採集もしくは奪取しながら、高低差のきつい山肌や渓流沿いの密林をのろのろと移動した。

駿兵団師団長村岡中将の手記では、

途中、道路らしいものものなく、だいたいの方角を辿りつつ、敵機の下を昼間、疎開と行軍をもって前進す。部隊の疲労はすでに甚だしく、地形も漸次、険阻となるとともに、所によりジャングルがあり、かつ、食糧も不足のため、行進は甚だしく渋滞した。

マヨヤオに向けては、今でこそ車が通れる幅の道路があるが、標高千数百メートルの切り立った崖にへばりつくように続くガレキ道である。ひとつ尾根を回り込むと山の景色がすっかり変わり、それが何度も何度も果てしなく繰り返される。道なき道を行く駿兵団は、内部の連絡すら付かなくなっていた。

行軍の途中、進路の錯雑により、先遣隊と師団本隊との連結が途絶し、終戦に至るまで相互の消息が不明となる。途中明確な道路はなく、かつ、谷地あるいはジャングル地区の通過となると方角の判定も困難であるのがその主因であった。

約四百五十名がマヨヤオ付近に到達したのは、七月二十日ころという。十五日にようやくマガット川を渡った弘二ら通信隊は、もっと遅れて到着しただろう。

あにはからんや、マヨヤオには、米国軍ドナルド・ブラックバーン中佐が指揮する迫撃砲を備えた数百のフィリピン人部隊が待ち構えていた。ブラックバーンは日本がフィリピンに上陸する前からフィリピン人部隊の指導をしており、日本侵攻後はルソン島北部山中に逃れて、フィリピン人兵士・ゲリラと行動を共にしていた。米国軍の再上陸後は正規軍を助けて日本軍と戦い、活躍が映画『Surrender--Hell!』にもなっている。

重火器もない餓死寸前の日本軍に勝ち目はない。

八月二日 目ざすマイヨーにおいて三日間余り激戦せしも、遂に占領し得ずナトニンに向け転進す。このとき見習士官と逢いましたが、（その後）自分（小林）は病気のため部隊とはなれ後方を続行して、見習士官とは逢っておりません。

もしかしたら、このマヨヤオの闘いは、弘二が初めて体験した戦闘らしい戦闘だったかもしれない。何しろ上陸してからここまで、空疎な洞窟陣地構築と、ドロ沼の長距離移動と、山岳地帯の敗走しかしていないのだから。

転進

駿兵団・翼兵団は数日にわたって戦ったが、結局、八月上旬には、全軍が撤退を開始。西に進むことを諦め、北東方向に二つ尾根を越えたナトニンに向かうことになった。すでにマガット川を渡ってから、一か月以上過ぎている。

先の引用のとおり、マヨヤオの闘いが終わった時点で、小林軍曹は弘二の生存を確認している。しかし、険しい山中の敗走の様子を彼は「口食を追っての連日の山岳行軍で、全くあてどなき日々」であり、「日に日に路上に飢餓者の屍が増されて行く有様」と書く。生きているのも死んでいくのも紙一重の行軍となった。
一般にフィリピン戦で死亡した日本兵のうち、直接の戦闘による死者は三十五〜四十%、のこりは戦病死――その多くは感染症を伴う餓死であったと言われている。[52]
中でもマラリア原虫を媒介するハマダラカに刺され発症するマラリアは、苦しい症状で兵士を追い詰めた。悪寒、震えと共に高熱が数日続き、いったん解熱しても、マラリア原虫のライフサイクルに応じて定期的にぶり返す。当時もキニーネという特効薬があり軍備品でもあったが、前線の患者に行きわたるような状況では到底なかった。
また、ほとんど南方軍の全員が苦しんだという「アミーバ赤痢」と呼ばれた下痢症状は、血便が続き「体力を低下させ、士気を衰えさせ、行動を遅滞」させた。[53] お尻を拭く紙は早々に底をつき、大きな葉っぱで代用した。そもそも山中の敗走を始めてからは風呂はもちろん水浴びもできない兵士たちは劣悪な衛生状態であり、「南方潰瘍」と呼ばれた皮膚病も蔓延した。陰部を含む体中がジクジクして痒くなったという。

ブンヒャンでの再会

小林軍曹も体調を崩して本隊から遅れてしまっていたが、星野小隊長とともに、なんとか本隊の通った後を追っていた。八月二十日、ようやく二人は「ナトニンより約三十粁手前の部落」であるブンヒャンに入った。しかし、この日までに所属の中隊はこの二人だけになっていたという。二日前の十八日には、通信隊の副隊長が自決し、翌十九日には、弘二と同期の福間見習士官が行方不明になっている。

ブンヒャンからナトニンに出るには、部落の背後にそびえる尾根を越えなければならない。通信隊の本部は、すでに前日に出立していた。星野少尉と小林軍曹はこの部落で宿営することにした。すると、ひとりの兵士が「通信隊の見習士官が、二、三名と共に部落の家屋にいる」と小林軍曹に教えてくれた。行ってみると、それが弘二であった。

弘二はすっかり弱りきっていた。

小林軍曹は、弘二の様子を見て、「自分の身体がこれより先幾日も保たない」と本人も分かっていたと感じ、星野少尉も、「今になって考えて見れば、すでに自決を決意しておったものと思われる」と回想する。

弘二にすれば、数週間ぶりの直接の上司と部下との再会である。これで、ここで死んでも名もなき白骨として朽ち果てずにすむと思ったかもしれない。「村野弘二」として死ねると思ったかもしれない。

星野少尉に対し、弘二は「無理にも」と言って、自分の安全カミソリと鏡を渡した。出征前は「遺品など」と父に強がって見せていたのに、せめてもの思いを託したのか。星野少尉もこのカミソリと鏡を「万一生還することあらばと大事に持ち歩いた」が、星野自身が収容所に入るときに没収されてしまったという。

小林軍曹と村野見習士官は、この小屋で眠りについた。星野少尉は将校用の宿営場所に行っただろう。小林軍曹にすれば、久しぶりに屋根と床のある所で眠る夜だっただろう。

ブンヒャン集落の遠景。弘二はあの尾根を越えられなかった。

そして、翌日の未明。まだすっかり寝入っている小林軍曹の横で、弘二は荷物の中からまっさらの将校服を取り出し、それに着替えた。現地の高床式の小屋から弱った体で這い出し、十メートル先の草むらまで行った。そして銃を口にくわえ、引き金をひいた。山に囲まれた小さな部落に、銃声が残響をともなって広がった。弾は、弘二の喉を貫いていた。

引き金をひく指

昭和二十年（一九四五年）八月二十一日火曜日。この地の日出は五時半ごろ。月齢は十三・一。少しだけ欠けた月をブンヒャンの西の空低くに見ただろうか。

袖を通すことのなかった新品の将校の制服を自ら死衣装に選んだのは、泥と垢にまみれた姿で死にたくないという、せめてもの自尊心だったろうか。いや、あれほど望みながらついに届かなかった「少尉任官」の知らせに、仮にも皇国の軍人として無念の気持ちだったのかもしれない。小林軍曹が少尉の襟章を付けてくれたのは、弘二の気持ちをよく理解してのことだったと思う。それでも小林軍曹は謝る。

御遺骨、遺品など当然自分たちが持たねばならぬのですが、その当時は自分達も全く衰弱し、またその様な状態で何時かは餓死か自決の途をたどるという考えで、持参せなかったのです。この点よろしくお許しください。

そして、最期の朝、弘二が口にくわえた銃は、将校が持つ拳銃ではなく、兵士が持つ三八式歩兵銃だっただろう。

軍刀と同様、拳銃は将校になる個人が用意するのだが、戦争末期には偕行社でも品切れで、学徒出陣で下級将校になったような「若造には手の届かぬもの」であったという。[54] マニラから逃げてきた民間人から、偶然山中で拳銃を譲られたという出陣学徒もいる。[55] 弘二が拳銃を手にできた可能性は低いと思われる。

百二十七センチもある長い歩兵銃で自決する作法は、戦場の兵士なら誰でも知っていた。靴を脱いで裸足になり、地べたに座り込み、衝撃で撥ねないように両手で銃身を支えて、銃口をくわえる。そして、引き金は足の指でひくのだ。

終戦

師団がマヨヤオを諦め、ナトニンに向けて移動を開始したのは、八月一日（師団長の手記では十六日）である。その後特に敵の活動情報もなく、八月二十日から三十日にダマグ（ブンヒャンの北五．六キロ）に滞在した後、九月六日（同、三日）、ナトニンに到着した。先にいた航空通信隊が受信した「終戦の御詔勅に関する陸軍大臣の謹話」の海外放送により、八月十五日に終戦していたことを知ったとする。

しかし、これは正式な通知の認識であって、実は、八月十五日当日、「大隊は空中より投下の停戦ビラを見」ているのである。当の師団長自身が手記にそう書いている。

その真偽はにわかにこれを判定しがたく、状況を観察中、八月二十四日に至り略略《ほぼほぼ》その確実なることを知り、再びマヤオヤオ南方地区に向かい反転し終戦を確認しえるに至る。

師団幹部は、終戦を知っていた。師団幹部は、終戦を知っていたのだ。知っていて、下々の兵隊には伝えなかった。

部隊の足手まといになるから、「虜囚の辱め」を受けてはならないから、と、自ら命を絶つことを選択した者たちが、もし終戦を知っていたら。もう戦わなくてもよいという安堵だけでなく、部隊も階級も「虜囚の辱め」も一切、その意味を失ったことを理解できていたら。生きて家に帰る希望を感じることができたら。あともう少しの存命が可能だったかもしれない。

これを伝えなかったことこそが、人命を預かる責任者として万死に値する罪ではないかと思う。終戦とともに軍の秩序が失われ――山中の彷徨にそれがあったとして――、自らの地位が危うくなることを恐れたのか。情報を握る特権階級と、その命令に自ら思考することなく従うしかない兵。両者の命に、これほどの重さの違いがあるのは理不尽でしかない。兵にだって、ひとりひとり、将来も夢もあったのに。尊厳も自負もあったのに。戦争を始める人、続ける人にはそれが見えないのだ。いや、見ようとしないのだ。

囚人服で死んだ人

マニラから南へ、渋滞に合わなければ二時間ほどで、ラグナ州ロスバニョスという町に着く。バイ湖のほとりの温泉で有名な町だ。ブコパイというココナツの果肉を使ったパイも名物で、特に温かいうちにいただくとフワフワでおいしい。

ここでかつて、二人の重要な戦犯が処刑された。山下奉文大将と本間雅晴中将だ。いずれもマニラ軍事裁判で、死刑判決を受けた。

山下第十四方面軍司令官は、九月二日、立てこもっていたアシン川の陣地からキャンガンに降りて投降し、さらに翌日バギオに移送されて正式に降伏調印した。十月八日から軍事裁判が始まり、十二月七日に死刑が宣告された。マニラでの虐殺の責任とフィリピン人の報復感情を一身に負った形である。マッカーサーは判決に加えて、「一切の軍装を剥がした上での絞首刑を命じた」という。

実際、彼は、昭和二十一年（一九四六年）二月二十三日土曜日午前六時、ロスバニョスの人里離れた丘のマンゴーの木の下で、米国軍の作業着姿で絞首刑にされた。同じ林の数十メートル離れたところに慰霊碑のある本間中将が、軍人の尊厳を保つ軍服で銃殺刑になったのとは対照的である。

言わせてもらえば、少尉の軍服に着替えて自決した音楽学生とも対照的である。


山下司令官の「将軍山下奉文終焉之地」の碑には、四阿風の屋根までついている。石に刻まれた辞世の句は、「待てしばし 勲のこしてゆきし友 あとなしたいて 我もゆきなむ」。複数遺された彼の句の中でこの句が選ばれたのは、「とも」「ゆき」という名前が織り込まれているからだろう。

そして、碑の建立発起人五名の最後の一人は、「山下家お手伝い」の女性である。

著者がこの碑の前に立った時、込み上げてきたのは強烈な怒りだった。彼の言う「友」の中に、路傍に跪いたまま雨に打たれてウジに喰われて白骨になっていった、何十万兵士のことは含まれているのだろうか。死に場所も分からず、死んだ理由も分からず、何の証も返されず、ただ「死んだ」何十万の兵士の肉親は、その思いをどこに向けろというのか。なんという命の不平等か！

52 『大東亜戦争陸軍衛生史（比島作戦）』陸上自衛隊衛生学校、１９８４年
53 『ぼくの比島戦記』山田正巳、光人社ＮＦ文庫、２００８年10月
54 『ぼくの比島戦記』山田正巳、光人社ＮＦ文庫、２００８年10月
55 『ルソン戦――死の谷』阿利莫二、岩波新書、１９８７年6月

十三．未帰還兵

二十年の春からは、日本国内に対する敵機の襲来が始まった。国民は防空準備や疎開に忙しくなり、あまつさえ空襲は次第に頻繁となり苛烈となって、日毎夜毎の警報に防空と避難の身支度をし、貴重品や用意の食糧まで持って防空壕に身を隠すなど奔命に疲れた。一方、食糧はいよいよ窮乏して代用食さえも不十分となり、睡眠と栄養の不足に健康は次第に衰へ、国民一般に活動は鈍り、人みな他を顧みる暇もなく、戦意もまた従って衰え、誰も口にはしないが敗戦の色は日一日と濃厚になって来た。心あるものはかねての軍の高言に憤慨した。

内地の終戦

貞朗は家族の中でも特に栄養失調に悩まされていた。空襲を避けて大阪まで通勤することが難しく、長期休養を余儀なくされた。脚や顔がむくんで、「防空壕へ逃げ込むにも炬燵《こたつ》を持ち込まねばならぬ程に体力も衰えた」という。

その頃の食糧事情は、主食として米のほか麦、コーリャン、大豆などが配給され、最もひどい時には米二割に大豆八割の主食だったという。魚類や野菜の配給などはほとんどなく、誰もが栄養不良に苦しんだ。「とくに阪神地方は東に大阪あり、西に神戸を控え、関東より来る食料は大阪に、中国（地方）より来る食料は神戸に取られ、戦前、阪神両都市より供給される物資で最も贅沢していたはずの土地が、最も惨めな食料窮乏の地獄となった」とは貞朗の恨み節である。

このような苦境にあっても、貞朗は弘二の身の上を夜も昼も案じた。特に食料に不自由すればするほど、遠く弘二のことを思い出さずにはおられなかった。

「食べることより外に楽しみはなく、食べても食べてもまだ食べたい軍隊生活なのに、ほとんど十分に食べたこともなくて出征したのだから、食糧が欠乏すればするで彼のことを思い出し、たまに食料にあり付けばありつくでまた思い出すので、実際に忘れたことはなかった」と書く。

しかし、新聞でもフィリピンの戦況が詳しく報道されなくなって、息子の消息を得るよしもなかった。そこで至ったのが「一旦、大君に捧げた上は彼の身については一切考えまい、女々しい未練にせんなき心遣いはせまじ」という覚悟であり、自ら煩悩を制してただ、戦況の好転を願い息子の武運の長久を神仏に祈願することにしたという。

終戦の年の五月十一日、六月五日、八月六日の三回にわたって本山村は空襲を受け、村内の建造物の半ば近くが損壊または焼失した。罹災家屋は二千五百二十六戸、五十九パーセントに及ぶ。野寄地区も、六月と八月合わせて、百八十戸以上が全焼した。[56] しかし、幸い、野寄の家は空襲を生き延びた。家にも焼夷弾が落ちたが消し止めたと、戦後、康が話していた。

昭和十六年に元大阪ホテルの瀟洒なビル（大阪市東区今橋）に開設されていた大和紡績の新社屋は、六月十五日午前十一時に全焼した。

こうして、八月十五日は訪れた。「日本は戦いに敗れ、無条件降伏の詔勅《しょうちょく》が渙発《かんぱつ》」された。戦争は終わったのだ。

貞朗は終戦直後の様子を、こう書く。

国民皆、すでに戦意を失ってはいたものの、今までの心の緊張は一時に緩んで虚脱状態になって、何ら成すところなく数日は過ぎた。米国軍は厚木飛行場に着陸し、続いて横浜や和歌山からどしどし上陸してきた。米兵が来れば掠奪や暴行をやるだろうとのデマが飛んだが、恐る恐る米国軍の進駐を見ていたが、そういうことはなかったのは幸いであった。それよりも防空や避難の必要がなくなったことが何より嬉しく、安心して家の中におれるようになった。世間は沈静に復し、気味の悪い中にも次第に心が落付いて来た。

戦争が終われば、遠く戦地にある家族の無事の帰りを願う気持ちは一層募る。貞朗の手記は、息子の帰還を待ちわびる気持ち、情報を得ようと奔走する様子が相当に詳細である。できるだけ直接引用する。

兵士は復員し始め、外地出征の軍も続々帰還して来た。列車も駅も街頭も、汚れた軍服をまとって、隊で分けて貰った軍用品や食料品の詰った大きな荷物を身もたわむほど背負った敗戦兵が充満して来た。まことに情けない敗戦国の風景であった。

父や兄や弟を召されたどこの家庭でも、その復員を今日か明日かと鶴首して待っているが、やがて戦死の公報に打ち沈む家もあれば、無事帰還に祝盃をあげる家もできた。我らも大事な長男の懐かしい帰りを朝夕の食事の話題に上げたが、幾日、幾十日、待てど暮らせど何等の便りもなく、公報も来らず、親戚縁者の復員や、他家の人の復員を喜び祝詞を贈りつつ、祝盃の上る家の喜びを明日は我家の喜びとして隣《とな》れるも、自ら慰める手段として、日に日に薄らぎゆく己《おのれ》が望みに、ともすれば沈みがちな我家の空気を励ましながら日を送るようになった。

それでも懇意な人から「お坊っちゃんは如何ですか」と尋ねられれば、「まだ何の便りもありませんが…比島の事ですから、もう駄目なんでしょう」といっぱし諦めているように答えはするが、胸の中ではなお望みを持ち、あの子は運がよいから今にひょっこり帰って来るだろう、などと勝手な欲望を繋いでいた。

そのうち、比島よりの引揚げは何かの都合で一時中止となり、待ち遠おしい中にも万一の悲しみが遠のいたことを心密かに嬉しく思った。

九月には比島と沖縄の残留者名簿が完成して、各市町村の役場に配布された。早速、康《やすし》と滋《しげる》を動員して本山村役場に行き、六、七万名の氏名を仮名書きで細かく印刷した新聞紙大の何十枚かの名簿を三回まで克明に調べたが残念ながら、「ムラノコウジ」の名は遂に見当たらなかった。

それでも、戦死の広報が来ない以上、諦めるわけにはいかない。「兵事に関しては余自身よりも有力と思われる少将の兄」や、すでに復員した親戚に依頼して調べてもらった。特に、海南島方面から復員していた海軍機関少佐の村野正太郎は、具体的な調査方法を指南してくれたという。また、「大阪新聞や大阪毎日新聞で未帰還兵を案じ待つ家族のために懇切な消息調査をしている」と聞き、そこにも調査を依頼した。

ところが、痛恨の極み。フィリピンで編入された部隊名が書いてあった弘二からの最後のはがきを、貞朗は無くしてしまっていたのである。

それがため、復員省に調査を依頼するにも地方世話部へ頼むにも、新聞社へ願うにも、何より必要な部隊名が不明となったので、少なからず不利であった。余は齢すでに五十を八つも超えて、心持ちは今なお少しの狂いもないが、やはり耄碌《もうろく》したのだろうか。考えても考えても、そのはがきを所在は思い当たらない。心当たりの場所や物の中を探しても、さがしても出て来ない。果ては恥を忍んで勝山（疎開している坪田の姉）や福井の鷲田や、その他兄妹のもとはもちろんのこと、弘二の出征先を尋ねてくれた弘二の友達にも照会して見たが、どこにも彼の部隊名は記録してなかった。

返す返すも年甲斐のない大失敗をしたものだ。それで家族にも詫び、余自ら自分にも心から粗忽を詫びたが、今はいかんともせん、すべ無く、弘二の調査もこれがためできなかったのだろうと口惜しく、また、悲しくなった。しかし一方また、彼の消息が不明のまま少しでも永く残ることは、一縷の望みを絶えさせ給はぬ神の摂理であるかのように密に喜んだりした。人間の慾はかくも得手勝手な、浅果なものかと、吾ながら憐れみ、さげすみつつも。

結局、いずれからも有効な手掛かりは得られず、「一縷の望みはいよいよ細くなり、今にも切れんばかりの薄弱なもの」になってしまった。

それでも比島には今なお山の中に立て籠っている日本兵が相当数いるとか、米国軍進駐区域にいる日本人は皆氏名も安否も判明したが、英軍の進駐区域の分は一切不明だというような人の話に幾らか慰められ、それに力を得て、一％にも足らぬ残りの望みを勝手に一〇％にも二〇％にも拡大して、彼は運が良かったことなどつまらぬ迷信にさえも自らすがりついて、やはり帰って来るだろうと心待ちに待ち、家族の団話にも、互いに内心以上に強気を主張し合って、自他共に慰めていたのである。

死の知らせ

終戦の年が暮れ、翌昭和二十一年（一九四六年）になっても、弘二の消息はつかめなかった。その年は、元旦に昭和天皇の「人間宣言」が出され、五月には東京裁判が始まり、夏の甲子園が再開された。そして十一月には、基本的人権の尊重・国民主権・平和主義を謳う日本国憲法が発布される。占領国アメリカの主導とはいえ、新しい民主主義国家「日本国」の建設が急ピッチで進む中、まだ祖国の土を踏めない大日本帝国の兵隊たちが国外に大勢取り残されていた。

十一月に入って比島の復員が再開された。三日に一船、六日にまた一船と、名古屋港に入港したとラジオは報じた。

十二日の朝、いつものように会社で執務をしていると社長室から呼びに来たので、何か重要な社用でもあるのかと思って行って見ると、昭和十八年頃、会社から比島マニラに紡績事業開設のために派遣した職員の一人である鈴木茂君からの社長宛ての書状を示された。

読んでみると、自分は去る六日名古屋港に上陸帰還した。今、浜松の実家に帰って静養中であるが、いずれそのうち出社して御報告しますが、取りあえず無事帰還のご挨拶を申し上げるという意味のことが認めてあり、末尾に村野重役殿の令息で村野見習い士官と比島で同じ中隊にいたので、そのご最期を知っているから、まだ村野重役に詳報が入っておらぬようでしたら、自分から申し上げたいということが書いてあった。

嗚呼 われ吾等の最後の望みは遂に絶えた。余はかねて心密かにまだ一縷の望みは捨てなかったが、大体において諦めていたから格別驚きもしなかったが、それでもなかれかしと神かけて祈りつづけて来た最悪のものが突然に来たので、自ら動悸の高まるのを制し得なかった。同時に刻一刻、暗い地の底へ落ちていくような寂しさと落胆を禁じ得なかった。

こうして、弘二の死の知らせは、終戦から一年三か月もたって、人づてで父の元に届いたのである。

大和紡績のマニラ本部から「令息遊びに来た」と電信が入った昭和十九年十一月から、ちょうど二年がたっていた。

加藤社長も、名生副社長も、挨拶のしようもなさそうな態度で、つとめて色々慰めの言葉をかけてくれたが、ただ同情してくれる有り難さと、それに対する感謝の念が浮かぶのみで、まさりゆく心の寂しさは如何ともなし得なかった。この日は会社の放課時刻までは重苦しいさみしい心持ちで執務したが、心はそこにはなかった。

いよいよ、弘二はこの世に亡いものと判明した以上、少しでも早く鈴木君に会って、彼の最期の様子、場所、時刻などを詳しく聴きたい。そして家族や親類へも報告しなければならぬ。同時に鈴木氏に確認書を書いて貰って、その筋へ提出して公報を出してもらい、戸籍の整理、葬式など、為すべき事をしなければならぬ。

それで直ちに鈴木君に速達で書状を出して、一日も早く面接したいが近日来阪されるか、静養の都合で来阪が遅れるようなら、こちらから出向いて面接の上、詳細の話が聴きたいと先方の都合を照会した。

貞朗は足取り重く、野寄の家に戻った。

その日、夕食の食卓で、弘二の死亡が判明したことを発表した。皆、一とき暗い顔になり寂しい空気が漲った。しかし、妻も子供等も大体あきらめていたことであるから、別段大きなショックは与えなかったようで、すぐ話は諦め話となり、詳しい事を早く知りたいとか、公報をどういう風にして出してもらうのかと言うような話になって、平静を取り戻し、幾らか食卓の空気は和やかになった。余もようやく苦しい発表を済ませて、しかも大きなショックも無くて済んだことに安心し、ああよかったと胸に詰った苦しさも解けて、上の電灯が明るくなったような思いがした。

しかし、その晩は皆、何となしに打ち沈んで余り語らなかった。康は子供の最年長で平素兄の弘二とは親しく兄事していたためか、ショックは一番大きかったようで、その晩は黙りこんで沈んでいた。

第一報を届けた鈴木氏は、貞朗の願いに応えて、浜松から本社に出向いてくれた。

しかし、彼は弘二の最期の時には別の隊にいた。ただ、マニラの収容所で弘二の最期を見届けた小林正香軍曹と一緒になったという。そこで弘二の消息についての会話があったのだ。

貞朗はさっそく鈴木氏に小林氏の住所を調べてもらって、書状を送った。「弘二生前のお世話を謝し、最期の状況を知らせていただきたいと照会した」のである。それに応えて小林から送られて来たのが、今、ここまで引用した写本が遺されている書簡である。

またこの書簡で、当時の通信部隊長・甲斐大尉と小隊長・星野少尉がすでに七月に復員しており、千葉市の留守業務部で部隊員の死者についてすべて報告を行い、弘二もその内の一人として戦死が報告されていることが分かった。

そこで貞朗は、小林氏にさらに甲斐大尉と星野少尉の住所を問合せた。小林氏はすぐに星野氏に連絡してくれ、星野氏からも年末に書簡が届いた。これも写本がある。

表向きの死の詳細

直属の上官である星野少尉からの書簡で、弘二の死の情報が軍によってどのように扱われたかが分かる。

星野少尉は、軍の残務部隊は自決を認めないことが分かっていたので、自決したものは皆「戦死」として報告した。また、終戦の八月十五日以降の「戦死」はありえないので、十五日以前に戦死したことにして報告したのだった。

確かに、「福井県　戦没者調査票」では、「少尉」であった村野弘二は、「昭和二十年八月十日」に「全身投下爆弾破片創」で「在隊死」したことになっている。しかし、その記述のどれひとつとして正確ではない。

弘二が待ちわびていたであろう少尉任官の通知は、ルソン島北部を迷走する部隊には伝わらなかった。学徒出陣した同期たちは皆、出征先で少尉に昇進しているが、死亡時の村野弘二はあくまで「見習士官」だった。「昭和二十年八月十日」も「全身投下爆弾破片創」も方便である。「在隊死」すら、もはや隊の体裁を失って散り散りバラバラに山中を歩いていた人の群れに、「在隊」は怪しい。

もう一つ、弘二の死亡が正式ルートで伝わらなかった理由も、星野氏の書簡から明らかになった。弘二がラロで星野小隊に配属された時に、京都の原隊からの身元に関する書類が廻付されなかったのだ。出身地、実家の住所、そのほか原隊から通知して来るはずの情報が一切分からず、星野氏も困ったという。原隊は京都の師団と聴いていたから京都へ照会したが、すでに師団も原隊もないので判明せず。音楽学校にいたということだから上野の東京音楽学校へ照会したが返事が来ず。結局、「留守宅不明者」として報告しておいたというのだ。

戦争最末期には、軍の事務も崩壊していたのだろう。海を渡って死地に向かった何万人もの学生たちは、その個人情報さえもまっとうに扱われなかったということか。

さまよえる公報

こうした経緯を経て、星野氏は「留守宅判明」の報告を陸軍残務整理部に出してくれた。にもかかわらず、今度は公式の死亡通知である「公報」が一向に遺族に届かない。公報がなければ葬儀ができないと、貞朗は焦る。

年が明け、昭和二十二年三月になって、大和紡績からフィリピンへ綿作と紡績事業のために出向していた社員の死亡確認のため、千葉にあった残務整理部に同社の課長が出張することがあった。そこで、貞朗は弘二の公報の督促を課長に依頼する。その結果、残務整理部では、星野氏の報告を受け、すでに公報を神戸地方世話部へ発送してあることが判った。

そこで、当時、神戸一中内にあった神戸地方世話部へ康を向かわせた。すると、神戸世話部は、弘二の本籍が福井市となっているため、公報書類を福井地方世話部へ転送したことが判った。

そこで、今度は兄・二三男に依頼して福井地方世話部へ問い合わせた。福井世話部では、「手続き取り運び中であるが間もなく完了する」から福井市長に渡すという。間もなく福井市長がそれを留守宅所在地である本山村の村長に送り、三月二十三日、とうとう本山村役場から連絡があって、貞朗は公報を受け取った。

「長い間の心配と骨折りと、多くの人々に手数をかけ、尽力を全うした待望の公報はここにようやく手に入った」のである。

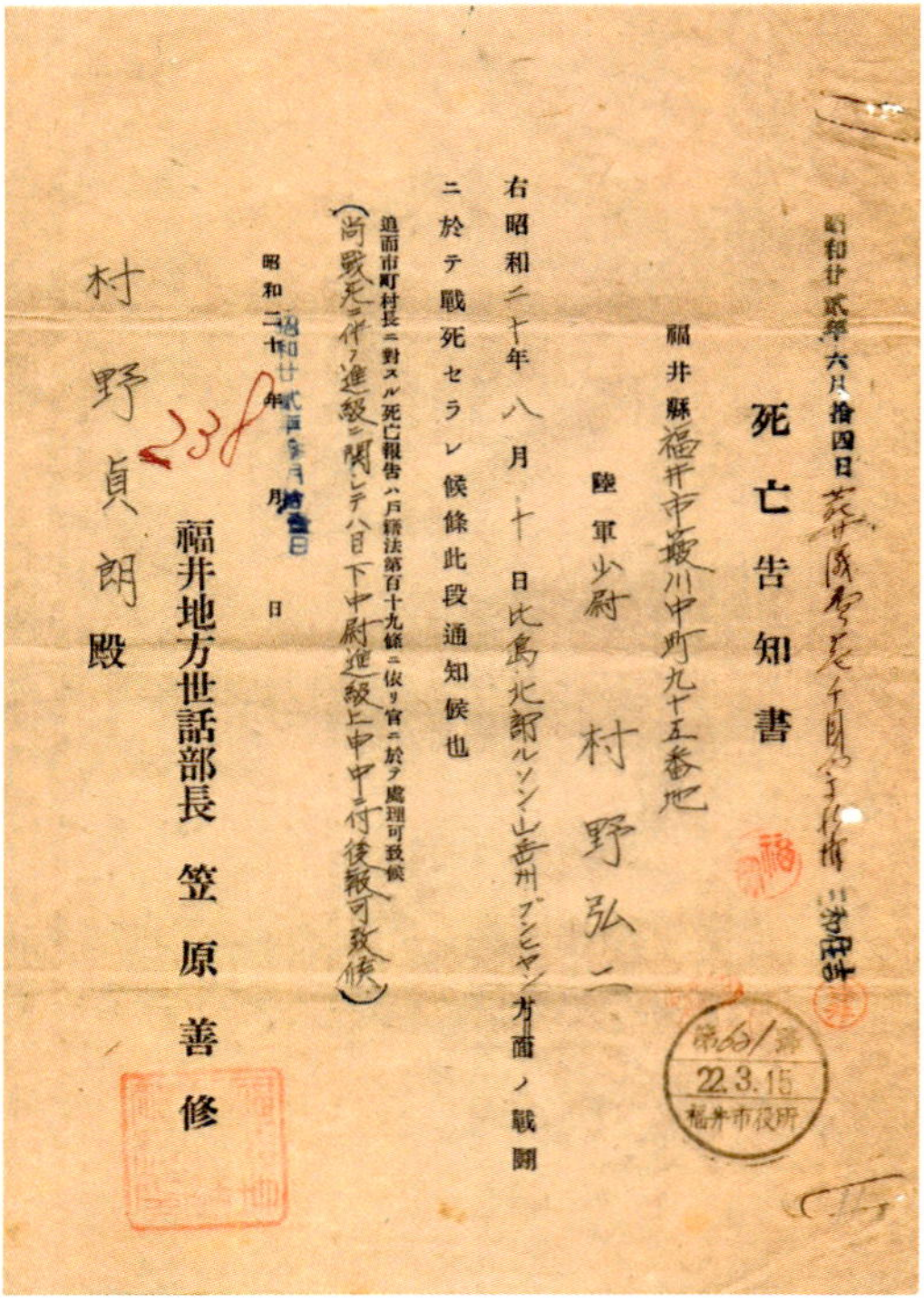
昭和廿貳年六月拾四日

死亡告知書

福井縣福井市●川中町九十五番地

陸軍少尉　村野弘二

右昭和二十年八月十日比島北部ルソン山岳州ブンヒヤン方面ノ戰鬪ニ於テ戰死セラレ候條此段通知候也

追而市町村長ニ對スル死亡報告ハ戸籍法第百十九條ニ依リ官ニ於テ處理可致候

（尚戰死ニ伴フ進級ニ関シテ八日下中尉進級上申中ニ付後報可致候）

昭和二十年　月　日

福井地方世話部長　笠原善修

村野貞朗殿

第631号
22.3.15
福井市役所

56　『本山村誌』本山村誌編集委員会、昭和28年7月30日

十四. 音楽葬

公報が入った以上、早く葬式をしなければならぬ。一昨年死んで、本年は三回忌にあたる年である。いずれ英霊と賞する白木の箱に入れたものは来るかも知らんが、現地で遺骸を埋葬してくれた人が遺骨は勿論、何一つ遺品も取って置かなかったと言っている以上、英霊として箱入りで戻してもらうものは何も無いはずである。来れば当然、白木の位牌しか入っておらぬはずである。何かほかに入れてあったとしたら、それは正しく偽物か、他人のものと取違えたものに相違ない。左様なものの帰るのを待って葬式をこれ以上延引することは好ましくない。時も丁度四月の花のある好季である。松岡の兄からは、英霊の帰還前に葬式をするならば、世話部へ一言こたえて置く必要があると言って来たので、早速兄の方でこたえてもらうことにして、四月二十六日葬式を決行することにした。

仏教式音楽葬

「弘二の死を知って」の手記とは別に、貞朗は「弘二 葬式の記」として便せん数枚の記録を残している。

村野家は浄土真宗が宗旨であるが、「弘二の生前の希望によって音楽葬」としたという。弘二がどのような言葉でそれを希望したのかは記録がないが、貞朗は弘二の遺志を活かして、「キリスト教（新教）の葬式に範を取って、お経を短くし、故人の閲歴を述べ、音楽演奏を入れ、僧の説教を加え、一同讃仏歌を斉唱し、会集は開式から閉式までは静粛に会場に在って、敬虔な気持ちで故人に対する最後の礼を捧げ、厳粛に式を終ることにしたい」と計画を練った。

昭和二十二年（一九四七年）四月二十六日土曜日午後二時から、本山町野寄の自宅において仏式音楽葬が営まれた。

座敷と下座敷を開け放ち、仏壇と床の間の前に祭壇を設けた。音楽学校の制服姿の弘二の半身像の写真を拡大して中央に据え、会社や子会社からの多くの供花でかざり、親族用の座布団と弔問客用の椅子を並べた。祭壇と仏壇の前にはかつて村野文次郎の会社で製造した八畳敷の青段通を敷き、南側の縁側にはピアノが据え置かれた。

式の次第

遺族親戚会葬者一同着席　約五分
開式の挨拶（父）
僧侶着席（雅楽レコード演奏）
読経（仏壇に対して）　約十分
略歴口述（父）　約十五分
弔詞（池尻景順 氏）　約五分
音楽演奏　約四十分
弘二作曲歌劇「白狐」レコード演奏
ソプラノ独唱　小島 幸 女史
伴奏　神沢哲郎 氏
ピアノ独奏　神沢哲郎 氏
弘二作曲 独唱 護良親王御歌
「君のため」レコード演奏
読経（祭壇に対して）
焼香（読経中）　約二十分

法話（北條鏡然師）　約三十分
僧侶退出（雅楽レコード演奏）
閉会の挨拶（父）　約三分
解散

福井の村野家の菩提寺である興宗寺の住職・北條鏡然師に相談して、このような式次第ができたようである。法名も、音楽に関係あるものをという貞朗の希望を入れて、「馨楽院釋弘慧《きょうがくいんしゃくこうえ》」と同師からいただいた。

弘二が音楽学校へ入学するまでの一年間、音楽を教育し彼を音楽の道に導いた池尻景順氏が弔辞を述べた。「声を曇らせ眼に涙しておられたが、会衆も皆首を垂れ、涙なきを得ざりき」様子だったという。

《白狐》のレコード再生に続き、隣に住み、幼き日の弘二を大いに感化したであろう小島幸氏が歌った。小島氏はその後創設される関西歌劇団のオペラで大いに活躍することになる。そして、当時大阪音楽学校教員で、のちにピアノ界の鬼才と呼ばれた神沢哲郎氏が、ベートーベン《葬送行進曲》を演奏した。

さらに弘二の肉声の《君のため》のレコードが再生された。ただ、「電気蓄音機は電圧低かりしため、レコード演奏に十分の音の出でざりしは遺憾なりき」と貞朗は残念がっている。

葬式は二時間以上に及んだが、「極めて厳粛に終わり、会葬者も弘二の略歴を知り、比島における最後有様まで承知して、心からの礼を捧げてくれた様に思う」と貞朗は評する。弘二の神戸一中の級友、木村逸平氏が非常に感激して葬式から帰宅した様子を、奥様が記憶している。

英霊の帰還

葬儀も済んだ六月十九日になって、本山村役場から通知があった。神戸の第一復員省事務所で遺骨を渡すから受け取りに行くようにとのことだった。

貞朗は、役場で親子関係を証明する書類をもらい、その足で中山手通り七丁目にあった復員事務所へ出頭した。事務所は新築中で、工事現場の片隅に三人の事務員が机を並べていた。「勿体ぶった調子で」お悔みを言われて、白布に包まれた木箱入りの「遺骨」を受取った。ほかに下賜金、葬式料、旅費等として五百円あまりの現金も給付された。

帰宅早々、遺骨の箱を開いて見れば、案の如く白木の位牌一本入っていて、それは極めて粗雑な、碌々かんなもかけてないような幅一寸五分ぐらい、高さ五寸ぐらいの板に雑な台を付けた位牌で、その表には実に下手な半くずしの書き方で、故陸軍少尉 村野 弘二之霊と墨書してあった。

ともかく仏壇に納めて礼拝したが、これでは全然丁重に扱う気にもならぬ不体裁な位牌であるので、長く祠る気もしない。一日も早く始末してしまいたい気がした。復員事務所で渡されたときはかなり慇懃であったし、こちらもともかく徴兵以来、皇国へ捧げていた子供が変った形ではあるが、御用がすんで返されて来たような気持ちで恭しく受け取って帰ったのであったが、開いて見れば余りに粗末な代物なので呆れ果てた。

数多い事であるからやむを得ないことかも知れないが、下士官の階級になっても少尉に任官しても、今までなれば丁寧に書いた辞令を貰うのに、一番大切な生命を以てした最後の辞令ともいうべき位牌がこの有様では、余りに情けない敗戦の悲哀がこの辺りにも伺はれる。一応は仏壇に納めたが、適当な時機に非礼にならぬ様に焼却する事にした。

美しい仏

『弘二の死を知って』は、昭和二十一年十二月末から昭和二十二年七月にかけて、四回に分けて書かれている。最後の日付は終戦から二年がたって「遺骨」を受け取った後に書いたものだ。その部分で「弘二は幸福であった」と、何度も何度も貞朗は繰り返し書いている。

死んだ弘二もあの護良親王の御歌を高らかに歌って、真に皇国の為めと確信して死んだのであるから、彼自身も満足であり、本望を遂げたのである。そして、妻子のない独身であったことは、後に心残りもない訳であり、短い生涯ではあったが、好きな音楽の道に入り、未だ音楽で身を立てるまでには行っていないが、比較的立派な作曲も遺している。

そして、一命を大君に捧げ、世界平和のための大聖業のためと信じ切って死に、心身共に何一つ汚れのない清浄無垢な生涯を終ったのであるから、弘二は最も幸福であるとも言える。彼の死際はさぞかし平静な大往生であったであろう。そして、今頃は美しい仏となって弥陀の浄土で母や兄や姉と楽しい日を送っているであろう。そして、続く我らを待っていることであろう。弘二は確かに幸福であった。

十五．企業戦士たち

大和紡績の比島に於けるこの大事業計画は、約二年間の苦心がようやく芽生えて、綿花はようよう栽培法も決まり、種子の選定もでき、いざこれから収穫を上げようと力んだとき、一方、紡績はマニラ市でようやく一万錘だけ操業を始めたとき、戦争は敗れて、いずれも功成らずして終った。

国策会社

貞朗が役員を務めていた大和紡績は、戦時中、大東亜共栄圏建設の一端を担った国策会社であった。村野貞朗という人物の見た太平洋戦争と息子のルソン島での死を書く限り、この会社の役員としての貞朗と、その会社に殉じて彼の地で命を落とした人々に触れないわけにはいかない。

戦時体制が強化されるにつれて、労働力や資材、設備は重工業に集中させる政策がとられ、綿糸や綿布は軍需品であったにもかかわらず、国外生産が推進された。中国については、日中戦争勃発後の昭和十三年ごろから紡績会社が進出している。[57]

貞朗が常務取締役を勤める日出紡織にも関東州（日露戦争後に日本が租借した大連を中心とした地域）に工場を建設する計画があり、貞朗も昭和十四年（一九三九年）から何度も満州を訪れ、事業適地の選定や用地買収の交渉にあたった。見聞したことを『大陸みやけ話』にまとめ、自費出版までしている。

昭和十六年四月一日、日出紡織は、政府の進める「経済新体制」に応じる形で、錦華紡績、出雲製織、和歌山紡織と合併し、大和紡績が創立された。[58] 貞朗は企画部長として取締役の一角を占めた。

太平洋戦争の開戦後、綿作・紡績・綿織業の海外進出のターゲットとなったのは、フィリピン、インドネシア、ビルマである。フィリピンには、大和紡績のほか呉羽紡績、東洋紡績、大日本紡績、鐘紡、倉敷紡績など九社が指定された。担当地域の割り当ては、実質的に軍政監部が支配していた。

実は、すでに真珠湾攻撃の直前の昭和十六年十一月二十日、大本営政府連絡会議は、戦略資源の確保・治安維持・現地自活を三原則とする『南方占領地行政実施要領』を策定していた。南方には戦争遂行に必要な資源の確保という命題が、開戦前から課せられていたわけである。「大東亜共栄圏」とは、実のところ、「アジアの盟主」を自負する日本のための日本の経済圏だったのだ。

昭和十七年五月初め、南方開発事業の先遣隊として、繊維業はもとより、商社、ゴム、セメント、石油、鉱山技術者など、国内の主要企業のサラリーマン戦士たちが広島の宇品港に結集した。大和紡績からも、木代陽三取締役を長に、武田清三拓務課長、綿花栽培の専門技師である中村誠農務課長、随行の堤氏が任命され、第一次世界大戦の戦勝品であるドイツ製大型客船、大洋丸に意気揚々と乗り込んだ。下関で船団を編成した五月七日は、ちょうどマニラ沖のコレヒドール島に立てこもった米国軍が降伏した日である。つまり、飛ぶ鳥を落とす勢いで、緒戦の日本軍が南方に拡大し始めた時期だった。

ところが、翌八日夜、長崎県男女群島沖で米潜水艦グレナディア一世号の発した魚雷二発が命中し、大洋丸は沈没してしまった。乗客千九百一十七人中六百六十八人、乗務員二百六十三人中百五十七人が死亡。紡績関係では百三人中七十二人が犠牲となり、大和紡績も堤氏以外の三名が帰らぬ人となる。

操業不能

しかし、そのシーズンの綿花作付けの時期を逃さないよう一刻も早くと、翌月には再び各社綿作担当者がフィリピンに向け出発したのである。大洋丸から海に放り出され、九死に一生を得て帰った人も含まれていた。

結局、大和紡績も、合計で七十名近くの職員をフィリピンに派遣した。弘二が訪ねたマニラ本部事務所のほか、農業本部をマニラとバギオの中間あたり、タルラック州バニキ市におき、各州にも出張所を設けて綿花栽培と繰綿を開始した。

フィリピンの綿花栽培は、主にサトウキビ、他にマニラ麻やトウモロコシを栽培していた現地の人々を一から指導して、綿花を作らせる形で行われた。砂糖の生産は共栄圏の台湾に任せるという計画である。大和紡績も昭和十八年には七十二トン、十九年には百三十九トンの原綿を産出したという。しかし、干ばつと害虫に悩まされ計画したほどの収量はあがらず、自分たちの食料や収入を減らされる小作人はやる気などなく、抗日ゲリラ活動によって殺害される社員すらあり、困難を極めた。

また、昭和十八年四月には、大東亜省連絡委員会の決定により、国内で遊休化した紡機を現地に移出することになり、大和紡績は紡機二万八千三百四錘、織機三百台をフィリピンに向けて積み出した。

だが実際に現地に据え付けができたのは、織機十数台のみ。加えて、せっかく送り出した社員も、ほとんどが現地で招集されてしまった。

結局、綿作も繰綿も、昭和「十九年末からは戦場と化したため、操業不能に陥った」のである。

民間人のマガット川

同時期にフィリピンに進出した呉羽紡績（昭和十九年に大同貿易、三興（伊藤忠と丸紅）と三者合併して大建産業となる）の社員十数人は、マニラ脱出後、図らずも日本軍と行動を共にしている。昭和十九年十二月三十日、社員らはトラックと乗用車に食糧や交換に使う民需物資などを載せて、マニラを出発。タルラックに集合する計画だった。北部陣地に物資を運ぶ軍のトラックの列に連なり北上するも、米国軍の爆撃で車を失い、その後は軍用トラックに少数ずつ便乗させてもらって、バレテ峠を越えた。

ようやく着いたのは兵站基地のあるバヨンボン。ところが、そこで大建産業のグループは軍に徴用されてしまう。命じられたのは、オリオン峠を越えてサンチャゴからさらに五十キロほど国道を北上したカウアヤンを拠点に、カガヤン河周辺の米の収集にあたることであった。

カウアヤンでは、住民が避難して無人になったニッパ椰子の民家に寝泊まりし、農家が刈り取った米を軍用米として徴用して回った。時々軍のトラックが来て、その籾を積んでいった。「日本軍が鉄壁の陣を張るバレテ峠からもはるかに離れ、うまくいけばアパリから台湾へ渡れる」と当初は希望を持っていたという。

終戦の年の五月に入ると、カウアヤンにも米国軍の爆撃が激しくなってきた。さらに、所属部隊と離れてさまよう日本兵の姿が目に付くようになった。さもありなん。駿兵団が南に向かって〝地獄の行進〟を行っていた最中だ。そしてついに彼らにも、「オリオン峠が突破されたから、ボントック方面に退避せよ」との命令が来る。

そしてたどり着いたのが、マガット川の支流ラムット川[59]の河原だ。渡河点は駿兵団より北の翼兵団が渡った地点と思われる。「逃げ道を求めた兵や一般人が数千人集まってきており、頭上からは敵機におびやかされる。渡るにも丸木舟すらない」。結局、社員らは水牛の尾につかまったり、遠くに流されながらも泳ぎ切ったりして、対岸に渡った。

そこから彼らも、道なき道を崖伝いに進んだ。手持ちの米も付き、どこから飛んでくるかもわからないゲリラの銃弾におびえ、マラリアと大腸炎に苦しんだ。疲労困憊の兵士が水を求めて次々と水の流れに顔を突っ込み、うずくまっているうちに眠り込み、そのまま死んで腐って白骨化している状況にも出くわした。あるときには、ぼろぼろの服装に帯剣した中尉が現れ、「我々の守備地区で食糧を探すとは何事だ。即刻立ち退け」と威圧したという。

彼らは「このまま軍の命令に従って行動していても自滅の道をたどるだけだ」と考え、米国軍への投降を決意した。「命は助ける」という米国軍のビラを見て、白旗も用意していた。ある日の早朝、ゲリラを避けて移動するなかで、小銃を持つ現地民の一団に出くわした。タガログ語ができる社員が「我々はシビリアンだ」と説明すると、時計やピストルは取られたものの、鶏肉の煮込み汁とご飯と、茶色い砂糖のかたまりをくれた。社名を告げると「ダイドーなら知っている」と言って、米国軍基地まで案内してくれたという。

帰らぬ社員

大和紡績では、最終的にフィリピンに出向した六十六名のうち、四十九名が帰国できなかった。しかも「その大部分は戦死したのか、殺害されたのか、病死か、餓死か、それとも自決したかさえも判らぬ」ありさまだった。弘二の死を最初に伝えた鈴木氏も、現地で徴兵されていたのである。生きて帰った人がいてこそ、何が起きたかが伝わった。

会社としては、遺族に対しては弔慰金や祭祀料を贈り、極力慰めるよりほかに方法が無い。余としては、「私の長男も、実は…」と弘二のことを話すことによって相手を慰め、自ら気の毒に耐えない心持ちをやわらげた。

大和紡績の在外資産の損失は、朝鮮・中国も含めて、当時のお金で千八百十七万円にものぼった。「大東亜共栄圏」構想がもたらしたのは、かけがえのない命の犠牲と、壊滅的な経済的損失だった。大日本帝国の身勝手な幻想でしかなかったことがよく分かる。

57 『新聞記者が語りつぐ戦争（3）比島棉作部隊』読売新聞大阪本社、平成3年11月31日

58 『ダイワボウ60年史』大和紡績株式会社、平成13年9月

59 『比島棉作部隊』では森長英の自費出版『比島山中彷徨の記』の引用として「アムット川」としているが、マガット川支流のラムット川のことと思われる。

十六．遺された五線譜

この歌劇が果たして傑作の部分があるかどうかは、吾々素人には判断し得ないが、とにかく、弘二が精根を打ち込んでやりかけたものであることは確かに判る。だから團君の好意は願ってもない有り難いことであるから、早速その歌劇「白狐」の遺稿を集めて團君のもとへ送達した。

かような柄にもない大業を誰に頼まれた訳でもなく、上演のあてもないものを学生の身分で手を付けたということは、何だか功を急いでいたような焦り気味の点もあるように思われるが、弘二としては作曲に熱心のあまり、そこまで自分を引きずり、また、引きずられたのだと思う。

日本人の手になるオペラ

音楽学校学内の報国団演奏会で演奏された《白狐》を記憶にとどめていた人たちがいた。弘二の同級生、團伊玖磨氏は、「万一、村野君が戦死していたとしても、遺稿さえあれば、リムスキー＝コルサコフのように自分の手でそれを何とか完成したい」と、終戦直後に音楽評論家の大田黒元雄氏に話した。昭和二十一年（一九四六年）十一月刊行の音楽雑誌「ミュージック」の創刊号で、編集長の大田黒氏が「音楽よもやま」というコラムの中でこの話題に触れている。まだ弘二が生死不明のころだ。

貞朗が「團君のもとへ送達」としているとおり、弟・康が〈こるはの独唱〉を写譜し、大田黒氏に送付した。現物が明治学院大学の日本近代音楽館に、大田黒氏の蔵書の一部として残っている。團氏がその楽譜を見たかどうかは分からない。

《この朝のなげかひは》を歌った先輩のバリトン畑中良輔氏にも、戦後、團氏との会話の中で《白狐》を思い出す機会があった。

一九九七年に開館した日本初のオペラ劇場、新国立劇場の初代芸術監督を務めることになった畑中氏は回想する。

〝この劇場のグランド・オープニングには日本人の手になるオペラを〟と思い、團伊玖磨にその話をして、何か良い題材はあるだろうかと持ち掛けた。

「そうですね。岡倉天心の《白狐》あたりいいと思うけど」との團の答えに、私は思わず「白狐……！」と口走った。團と同入だった村野弘二のあの《白狐》のアリア〈お月さま〉が途端に耳に蘇った。

「ほかになにかないかなぁ」

「それともヤマトタケルでは」

結局ヤマトタケルになったものの、私は学生時代の村野のことが頭から離れなかった。戦争がなければ《白狐》は完成していただろう。しかし私は村野のことを團にはついぞ一言も口にしないままに終わってしまった。

今誰一人として彼の名を知っているものはいないだろう。あの時の楽譜も、アセテートのレコードもみんな無くなってしまった……。

幻のオペラ発見

畑中氏が「無くなった」と書いた楽譜とレコードは、ちゃんと村野の家に残されていた。ただし、それが弟・康の家の納戸から見つかったのは、平成二十七年（二〇一五年）のことだった。

戦後七〇年の節目に企画された、毎日新聞とTBSテレビの共同プロジェクト「千の証言」に、著者がごく軽い気持ちで書いた伯父についての投稿がきっかけだった。当時、著者は貞朗の手記の存在も知らず、弘二のフィリピンでの詳しい行動も知らなかった。しかし、記者やディレクターの尽力により、楽譜の検証から始まり、レコードの再生、東京藝大での演奏会にまで発展したのである。

平成二十七年（二〇一五年）六月十八日にTBSテレビ「NEWS23」の特集で楽譜発見のニュースが報じられ、翌十九日から二十一日にかけて三日間連続で毎日新聞に「幻のオペラ発見」の記事が掲載された。

この取材の一環として、東京藝術大学図書館の協力により、戦後初めて、三枚のレコードが再生された。もちろん戦前の蓄音機を使ってである。特に弘二自らが歌う《君のため》は、すでに亡くなっていた康の声にもよく似ており、奇をてらわず率直に「捨てて甲斐がある命」と歌う弘二のその後の運命を思い、著者ら家族は心痛な思いで聴いた。

このレコード再生には、当時の澤和樹学長も立ち合われた。戦没音楽学生の再認識に熱意を持っておられた学長の働きかけもあり、急遽、七月二十七日のオープンキャンパスで作品を公開演奏することになった。このとき、同級生の鬼頭恭一氏の作品も演奏されている。

七十二年ぶりに、《白狐・こるはの独唱》が母校に帰ってきた。

場所は校内の「奏楽堂」。かつての奏楽堂は上野公園に移築されており、平成十年（一九九八年）に完成した「新・奏楽堂」が舞台となった。

独唱は永井和子声楽科教授、ピアノ伴奏は森裕子非常勤講師。舞台に立つふたりは、白狐を思わせるような真っ白の衣装である。レコードには含まれていなかった低音のイントロから演奏は始まった。

永井教授は弘二の手書きの楽譜を見た途端、「歌って！　歌って！」と言われているように感じたと語っている。教授は令和五年（二〇二三年）の退官コンサートの最後の一曲にも、〈こるはの独唱〉を選ばれた。このときまで、永井教授も森講師も楽譜を浄書することなく、弘二の手書きの譜面をそのままコピーして使い続けておられる。「村野さんの思いをできるだけ音にしようとするには当然のこと」と著者に明かされた。

この年九月の藝祭でも、「学徒出陣から72年ぶりの帰校　おかえりなさい！」と題して、大学史史料室で戦没音楽学生の楽譜が展示された。

その翌年には「戦時下の芸術専門教育」の研究に対して科学研究費助成事業の予算がつき、橋本久美子特任助教を中心として、戦没音楽学生についての本格的な調査が開始される。

さらに、平成二十九年（二〇一七年）、東京藝術大学演奏藝術センターの大石泰教授の主導により「戦没学生のメッセージ」というプロジェクトが始動。調査・発掘した戦没学生の作品のアーカイブの構築を目指して、シンポジウムやコンサート、パネル展示を行っていくことになった。クラウドファンディングも実施され、目標額を大きく上回る寄付が寄せられた。この年から毎年夏に戦時中の音楽学生の楽譜を使ったコンサートが行われ、ＣＤとなって発表されただけでなく、これを音源にアーカイブが構築されていったのである。

声聴館

戦没画学生には、「無言館」という遺作に接することができる場がある。長野県上田市にある無言館では、画学生の思いのこもった遺作を前に誰もが無言になって見入ってしまう。一方、戦没音楽学生の遺した譜面は、音になって人々の耳に届いて初めて作品として鑑賞されるものである。だからデジタルアーカイブとして楽曲を公開し、いつでも聴けるようにしたい。それが大石教授らの強い願いだった。

その努力は、二〇一七年戦時音楽学生Ｗｅｂアーカイブズ「声聴館」[60]として結実した。これまでに鬼頭恭一、草川宏、葛原守、そして村野弘二の計四名の学生の楽譜とその演奏、解説が収録されている。弘二の作品は《重たげの夢》、《小兎のうた》、《白狐》より第二幕第三場〈こるはの独唱〉の三作品が、動画として視聴できる。その楽譜も詳細画像として公開されている。

こうして、いつでもだれでも楽譜が見られ、演奏することができるようになった。初めて新奏楽堂で演奏された際、澤学長が著者ら遺族に言われた「これで、モーツァルトやベートーベンの様に、村野弘二が作曲家になりますよ」という言葉。平易な表現ではあるが、「音楽学生」で止まっていた村野弘二の生きた時間が、七十余年をへて、再び動き出したことを示唆された言葉であった。

作曲家としての村野弘二は、もう死ななくてもいい。

遺されたオペラの断簡が、時を刻み始めたのである。

60 https://archives.geidai.ac.jp/seichokan/

ポストリュード

確かに戦乱や災害などで、多くの文化財は失われています。その歴史のなかで「断簡」という形態によってその一部が保存され、未来へ大切に受け継がれていきます。そして失われた部分も人々の心のなかで、悲哀を秘めた物語（ドラマ）とともにしっかりと語り継がれていくのです。[61]

私は祖父の一周忌の四日後に生まれた。私にとって会ったことのない祖父・村野 貞朗は、祖母の家の居間に掲げられた巨大な肖像画の中で、気難しそうに眉を寄せている「おじいちゃん」だった。父も含め親族は祖父に言及する際に「ていろうさん」と言っており、それが祖父の名前だと思い込んでいたのだが、昨年、祖父の描いた日本画の色紙に「S．MURANO」とサインがあるのを見つけた。思えば、祖父の長姉・兄・次姉は「房於《ふさお》」「二三男《ふみお》」「英尾《ひでお》」であり、「貞朗」は「さだお」と読むべきなのだと知った次第である。

子供の頃は、毎年欠かさず元旦に祖母の家に父を含む4人の息子とその家族が集まっていたのだが、祖父についても、戦前・戦中に亡くなった伯父・伯母についても、話題にすることはほとんどなかった。それぞれについて私が聞かされていたプロフィールは、「大和ゴムの社長で、前立腺がんで死んだ」「團伊玖磨の同級生で、戦争で死んだ」「私によく似た顔立ちで、肺病で死んだ」ぐらいのものである。ましてや、曾祖父・村野 文次郎が福井の絹織物の歴史に名を残し、銘菓「羽二重餅」のしおり[62]にも登場していることなど、今回の調査の過程で初めて知ったことである。

過去の名誉を誇らない、失われたものを惜しまない気風が村野家にはあったと思う。今回こうして私が過去を掘り起こす作業をすることを、京都・相国寺の墓所に眠る親族はどう思っているかと、いささか気が引けるほどだ。

もうひとつ、十年の調査の中で私の認識が変わったことがある。それは、弘二のなかに、たとえ自分の道をいったん――あるいは永遠に――中断してでも、「醜《しこ》の御楯《みたて》」となるのが当然という意識があったことである。

このことは、彼の行動を追うにしたがって、ようやく疑いのない事実として私にも受け入れられるようになった。二〇一五年に初めて《君のため》のレコードで「捨てて甲斐ある命」と本人が歌うのを聴いたときには、まったく信じることができず、時局柄、本心を偽っていたのだと思った。しかし、彼の人となりを知った今はむしろ、「いよいよ来たか。しっかりお国のお役に立つぞ」といった高揚感が弘二にあったのだろうと分かる。

「そういう時代だった」と昭和九年生まれの母は言うが、ほとんどの国民が「お国」のために生活も命も犠牲にできるという、とんでもない時代意識がなぜ生まれ得たのか。「小生の恥ずかしからぬ活躍を御期待下さい」と家族に書く意気揚々とした愛国心が、口にくわえた銃の引き金をひく瞬間まで変わらずにあったのだろうか。無為とも思える部隊の行動に従いながら、「こんなものと自分の人生を引き換えたのか」と大義を疑ったことはなかったのか。「こんなはずじゃなかった」と悔やんだことはなかったのか。

国家の行う戦争と、個人の人生に降りかかる戦争は、実は全く別のものなのだと思う。フィリピンの山中で自ら人生を終わらせた人にも、息子は皇国に差し上げたのだと諦めようとする人にも、ある日突然踏み込んできた外国人に夫を奪われた人にも、戦争は理不尽でしかない。しかしそのギャップをカモフラージュするために、権力者は大義とか愛国心とかを個人に信じ込ませるのだ。その証拠を示すために、私はこの本を書いたと言ってもいいかもしれない。

戦後八十年を迎える日本国は、はたして彼らに強いられた理不尽を再び繰り返さない国になっているだろうか。有事に備える、国民の生命と財産を守ると言いながら、国民に再び理不尽を押し付ける道を着々と進んでいるのではないかと、私は大いに危惧している。国が国として戦うことを決めたとき、生身の個人に何が起きるのか、国民は正確に理解する必要がある。

私たちは、個人個人が自分の生き方を決定できる国、「お国のため」にすべてを差し出せと言われない社会を守らなければならない。たとえ周辺国との関係が複雑化する時代にあっても、気づかぬうちに「お国のため」を当然と受け入れてしまうような国民になってはならない。それは、伯父の生きた二十二年を追い続けてきた私の強い思いである。

本書に登場する村野弘二と関わりのあった人々は、この十年間に次々と亡くなられた。戦後七十年で証言してくださった音楽学校同級生の大中恵氏、中学の同級生・伊藤淳二氏。〈こるは〉を最初に歌った戸田敏子氏。ご存命中にお話を聞きたかったけれど、おめおめと時間を浪費してしまったのは私が大いに悔やむところである。

フィリピンで日本人に対する憎しみを携えながら生きたロラ・インマヒアも、二〇一九年一月十日、ご家族に見守られて亡くなられた。私が二〇一六年にブンヒャン村を再訪したときには、あいにくマヨヤオの親戚のところに行っておられて、再会は叶わなかった。今は、彼女のご家族とFacebookで繋がり、村の時々の様子を知らせてもらっている。Google Mapのストリートビューで、彼女の家を見ることもできる。伯父が引き金を引く瞬間まで想っていたであろう祖国との距離は、八十年でこんなに縮まった。

あの戦争を語り継ぐ人々がこの世の人ではなくなっても、村野弘二が残した音楽がその背景の物語と共に、これからの年月をいつまでも生き続けますように。

61　「断簡―掛軸になった絵巻―（２）「断簡」に秘められたドラマ」東京国立博物館
https://www.tnm.jp/modules/rblog/index.php/1/2013/07/26/%E6%96%AD%E7%B0%A12/

62　松岡軒「元祖 羽二重餅の由来」二〇一七年

謝辞

そもそもは、戦後七十年の毎日新聞とＴＢＳの共同プロジェクト「千の証言」がなければ、この本はできませんでした。私がこのプロジェクトに投稿した弘二に関する短い文に応えて、毎日新聞の東京本社編集委員の砂間裕之氏（肩書はすべて当時）とＴＢＳ報道局の大野慎二郎氏が、私の自宅と京都の実家に取材に来てくださった二〇一五年初夏からすべてが始まりました。

砂間氏は実家にあった弘二の多量の遺品から《白狐》の楽譜を見つけてくださり、大野氏は弘二の母校、東京藝術大学に話をつなげてくださいました。さらに、毎日新聞 大阪本社社会部の牧野宏美氏は、神戸高校の同窓会を含め地道な調査を進めてくださいました。大野氏と牧野氏と行ったフィリピン現地取材は、一生忘れることはありません。このお三方のご尽力には、どんなお礼の言葉でも足りないと感じています。

そして、東京藝術大学では、六月、当時の澤和樹学長、大学史史料室の橋本久美子特任助教、図書館司書の方々のご協力で、ＳＰレコードが再生されました。続いて七月二十七日には、新・奏楽堂で永井和子教授のソプラノと、森裕子非常勤講師のピアノ伴奏で、〈こるはの独唱〉が演奏されました。弘二が作曲家として懐かしい母校に戻ってこられたのは、先生方のおかげに他なりません。心から御礼申し上げます。さらに、この一連の出来事を永続的な記録に残す「声聴館」などの活動をしてくださっている演奏藝術センターの大石泰教授にも、厚く御礼申し上げます。その後、遅々たるペースで調査を進める中でも、橋本久美子先生には何度もヒントをいただきました。

本としてまとめる段階では、なんといっても、表紙の写真を含むアルバム写真の使用を快諾していただいた弘二の神戸一中の同級生・木村逸平氏のご次男・木村純平氏に感謝申し上げます。昨年亡くなられた木村久美子氏にも、心温まる逸話を聞かせていただきました。

弘二の母・小西の甥にあたる福井の鷲田禎二氏は、突然の訪問にもかかわらず歓待してくださり、戦時中の詳しい話をお聴きすることができました。ありがとうございました。

十年前、私の目を覚ましてくれたイフガオ州ブンヒャン村のロラ・インマヒア氏に、もう一度思いのこもったハグを送ります。

そして最後に、出版の夢を励まし続けてくれた母に、ありがとう。

中林　敦子（なかばやし あつこ）

1961年、兵庫県神戸市生まれ。旧姓「村野」。大阪大学文学部卒、カリフォルニア州立大学大学院言語学MA。フリーランス翻訳者として実務翻訳・出版翻訳。訳書にスラヴォイ・ジジェク『パンデミック』（Pヴァイン）など。市役所の外国人相談員でもあり、市内に暮らす外国ルーツの市民が抱える生活上の問題解決にあたる。

断簡　ある音楽学生の生と死

2025年4月29日　第1刷発行

著　者　　中林敦子

発行人　　大杉　剛

発行所　　株式会社 風詠社

〒553-0001　大阪市福島区海老江5-2-2 大拓ビル5 - 7階

Tel 06（6136）8657　https://fueisha.com/

発売元　　株式会社 星雲社（共同出版社・流通責任出版社）

〒112-0005　東京都文京区水道1-3-30

Tel 03（3868）3275

印刷・製本　小野高速印刷株式会社

©Atsuko Nakabayashi 2025, Printed in Japan.

ISBN978-4-434-35870-8 C0095

乱丁・落丁本は風詠社宛にお送りください。お取り替えいたします。

料金受取人払郵便

大阪北局
承認

7000

差出有効期間
2026年10月
31日まで
(切手不要)

郵便はがき

5538790

018

大阪市福島区海老江5-2-2-710

㈱風詠社

愛読者カード係 行

ふりがな お名前			大正 昭和 平成 令和　年生　歳	
ふりがな ご住所	□□□-□□□□			性別 男・女
お電話 番号		ご職業		
E-mail				
書名				
お買上 書店	都道府県　市区郡	書店名	書店	
		ご購入日	年　月　日	

本書をお買い求めになった動機は？

1. 書店店頭で見て　2. インターネット書店で見て
3. 知人にすすめられて　4. ホームページを見て
5. 広告、記事（新聞、雑誌、ポスター等）を見て（新聞、雑誌名　　）

風詠社の本をお買い求めいただき誠にありがとうございます。
この愛読者カードは小社出版の企画等に役立たせていただきます。

本書についてのご意見、ご感想をお聞かせください。
①内容について

②カバー、タイトル、帯について

弊社、及び弊社刊行物に対するご意見、ご感想をお聞かせください。

最近読んでおもしろかった本やこれから読んでみたい本をお教えください。

ご自分でも出版してみたいというお気持ちはありますか。

ある　　ない　　内容・テーマ（　　　　　　　　　　）

出版についてのご相談（ご質問等）を希望されますか。

する　　しない

ご協力ありがとうございました。

※お客様の個人情報は、小社からの連絡のみに使用します。社外に提供することは一切ありません。